Scénarios de gestion administrative

Tle

BAC PRO

GESTION ADMINISTRATION

S. Balin
C. Beziat
C. Duperray
J. Langlois
S. Le Verger
Y. Trinque

casteilla

LES CLÉS DU LIVRE ÉLÈVE

› Un tome unique composé de trois scénarios qui vous offre une progression pédagogique et une transversalité des disciplines recommandées par le programme de Bac Pro Gestion Administration.

› Des activités qui abordent l'ensemble des situations professionnelles décrites dans les quatre pôles du programme dont certaines sont exploitables sur PGI (EBP ou OpenERP).

› Des scénarios indépendants les uns des autres, reflets des différents types d'organisation : une entreprise privée (Mr.Bricolage) et une association (MJC Centre social).

› Le troisième scénario (Le Camion SCRATCH) vous propose un modèle de montage de projet original.

› Quatre ateliers rédactionnels : le courriel, la lettre de relance client, la lettre professionnelle et la note de synthèse vous permettront de parfaire vos écrits professionnels.

› En ouverture de chaque scénario, la présentation de l'entreprise et la description des missions.

› Renvoi aux situations professionnelles et aux fiches savoir et fiches outil.

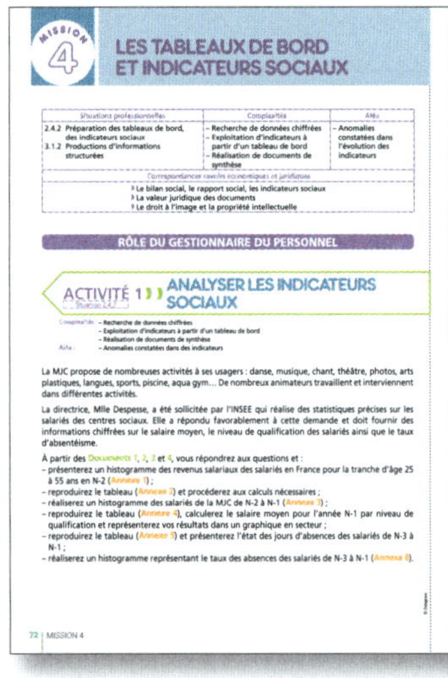

› En ouverture de chaque fiche, un tableau reliant le thème à la situation professionnelle, aux compétences et résultats attendus.

› Les exercices pour apprendre pas à pas à mieux travailler les écrits professionnels.

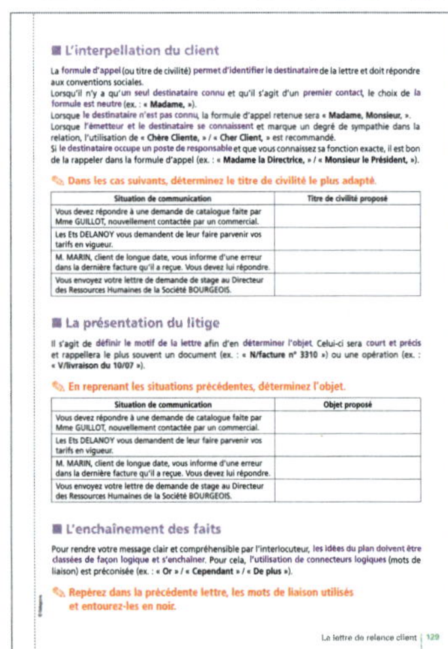

Nous remercions tout particulièrement Corinne Giraud, Académie de Clermont-Ferrand, pour ses précieux conseils et suggestions.

Couverture : Renaud Scapin
Maquette : Dominique Grelier
Mise en pages : Christine Bossard
ISBN : 978-2-206-20059-0

Casteilla une marque des Éditions Delagrave
Delagrave Éditions, 5 allée de la 2e D.B. – 75015 Paris
www.editions-delagrave.fr

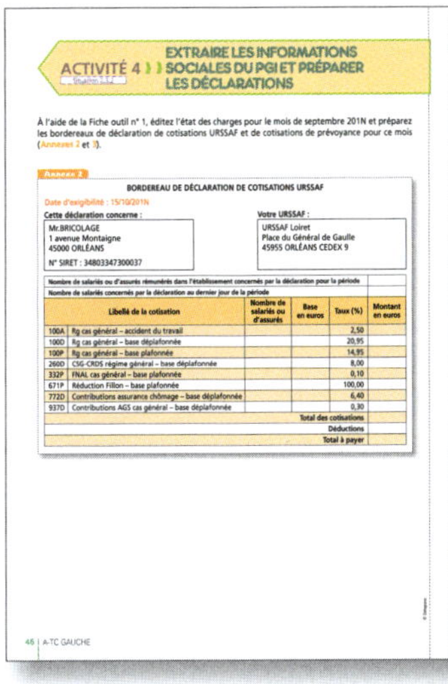

› Des missions clairement identifiées.

› Des mises en situations professionnelles pour chaque mission.

› Des fiches outil exploitables dans le livre élève et sur poste informatique (tableur, texteur, PGI…).

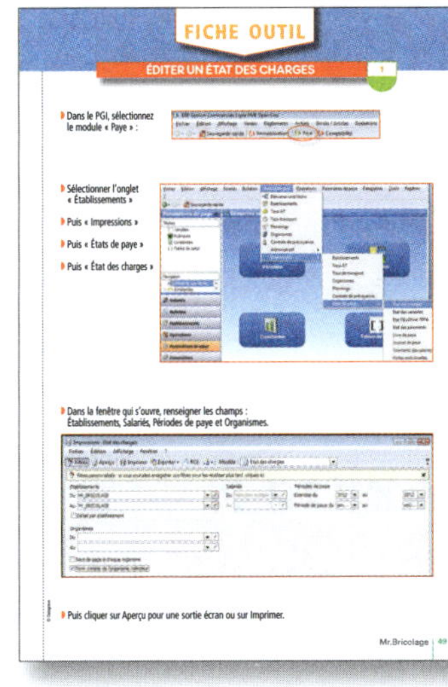

Un livret d'accueil complet : identité, organisation, éléments de charte graphique, extraits des procédures…

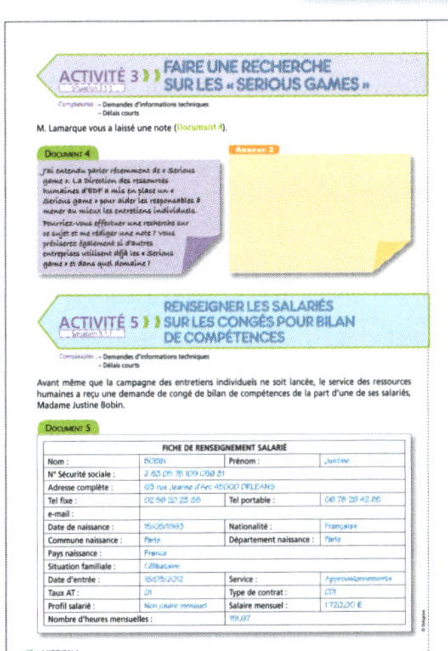

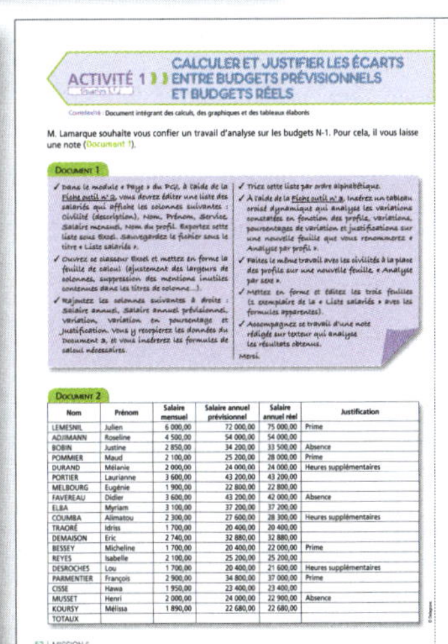

› Des documents d'entreprise permettant de répondre au questionnement.

› Un résumé des savoirs liés aux périodes ou missions sous forme de fiche synthétique.

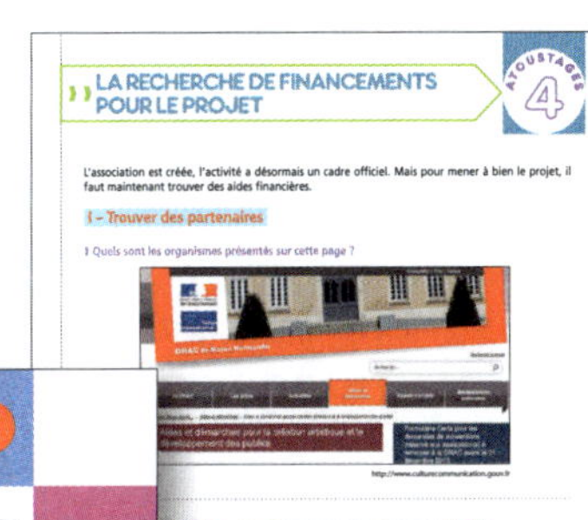

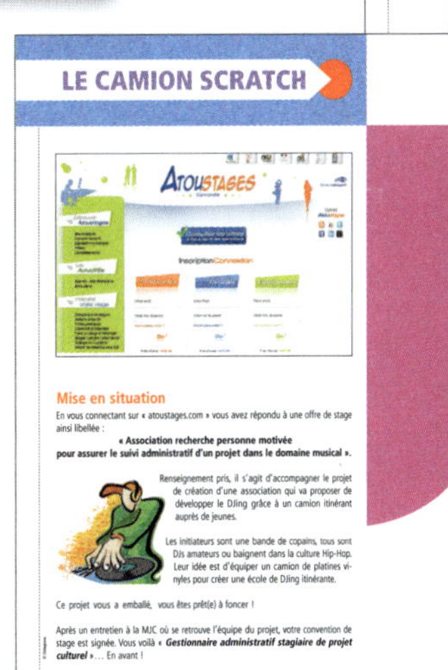

En situation de stage, vous découvrez toutes les étapes pour la mise en place d'un projet culturel, jusqu'à la création d 'une association !

SOMMAIRE

Crédits photographiques

Couverture : Fotolia ; **p. 7** : Richard Damoret/Réa ; **p. 7, 9, 17** : Mr. Bricolage ; **p. 48, 59, 68** : Fotolia ; **p. 86** : Sowitty ; **p. 91** : Shutterstock ; **p. 92, 93** : Fotolia ; **p. 101** : DRAC de Basse-Normandie ; Agence française « Erasmus + Jeunesse & Sport » ; **p. 103** : Fotolia ; **p. 107** : IGN 2012, Licence ouverte ; Camion Scratch, Association Ramp'Art ; **p. 112** : Justin Ng/Landmark/Newscom/Sipa ; **p. 114, 118** : Camion Scratch, Association Ramp'Art ; **p. 124** : Fotolia.

MR.BRICOLAGE

Siège social
1 rue Montaigne
45000 ORLÉANS
Tél. 02.36.35.98.97
Fax 02.36.35.98.98
contact@mr-bricolage.fr
www.mr-bricolage.fr
www.mr-bricolage.com

Forme juridique....... Société Anonyme au capital de 33 240 916 €
Banque........................... Société Générale
Effectif........................... 337 personnes

L'aventure de Mr.Bricolage a débuté au début des années 50 sous l'enseigne « faites vous-même ». Aujourd'hui le groupe Mr.Bricolage, fort de ses 670 magasins (dont 66 à l'étranger) est le 3e acteur français du bricolage.

Le groupe poursuit sa stratégie de croissance et définit 3 axes de développement :

1. Accélérer le développement sur le marché du bricolage de proximité
2. Investir pour l'avenir des réseaux
3. Optimiser les magasins intégrés

Le positionnement du groupe Mr.Bricolage est depuis toujours centré sur la proximité. Ses deux rayons historiques phares sont la décoration et le jardin. Ils correspondent parfaitement aux évolutions des attentes de la clientèle. Ces marchés sont soutenus par les nombreux magazines et émissions consacrés à la décoration intérieure et extérieure des habitations.

Mr.Bricolage, c'est aussi les Briconautes, Caténa et 3 sites de vente en ligne : mr-bricolage.fr, le-jardin-de-catherine.com et la-maison-de-catherine.com.

Mise en situation

Vous allez effectuer votre PFMP au siège social de Mr.Bricolage et allez participer à de nombreuses activités professionnelles relevant de l'administration du personnel et de la gestion des ressources humaines.
Vous seconderez les 3 personnes placées sous la responsabilité de M. Lamarque, Responsable du service ressources humaines.

Livret d'accueil

L'organisation de Mr.Bricolage

Extrait de l'organigramme du siège social de Mr.Bricolage

- **Julien LEMESNIL** – Président
  - **Roseline ADJMANN** – Directrice Générale
    - **François PARMENTIER** – Directeur Service Achats
      - **Henri MUSSET** – Responsable des approvisionnements
    - **Laurianne PORTIER** – Directeur Administratif
      - **Alimatou COUMBA** – Responsable Service Financier
      - **Thibault LAMARQUE** – Responsable Service Ressources Humaines
        - Lou DESROCHES – *Gestionnaire administrative*
        - Mélanie DURAND – *Gestionnaire du Personnel*
        - Maud POMMIER – *Gestionnaire du Personnel*
      - **Eugénie MELBOURG** – Assistance de direction
    - **Didier FAVEREAU** – Directeur Commercial
      - **Myriam ELBA** – Responsable commerciale
        - Mélissa KOURSY – *Assistante commerciale*
        - Hawa CISSE – *Assistante commerciale*
      - **Éric DEMAISON** – Responsable communication

Les engagements de la société

L'essentiel pour satisfaire le client

Une tenue professionnelle impeccable : la tenue Mr.Bricolage propre ainsi qu'un badge nominatif

Un accueil téléphonique exemplaire	Le SBAM : la devise des hôtes de caisse	Le respect des 4P : Plein, Propre, Prix, Présence
Mr.Bricolage + site + bonjour + prénom + formule d'accueil (ex. : à votre service)	Sourire, Bonjour, Au revoir, Merci	Des rayons propres, un facing impeccable, un étiquetage prix présent, lisible et mis à jour

Les éléments de la charte graphique

› Adresse e-mail

Initialeduprénom.nompropre@mr-bricolage.fr
Ex. : *t.lamarque@mr-bricolage.fr*

› Signature e-mail

Les éléments suivants feront partie de la signature utilisée dans les e-mails :
- Logo de la société
- Nom du salarié
- Fonction
- Téléphone
- Fax
- Adresse internet de la société

› Typographie (police de caractères)

Comic Sans MS

Mr.Bricolage
1 rue Montaigne – 45000 ORLÉANS
Tél. 02.36.35.98.97 – Fax 02.36.35.98.98

MODÈLE PAPIER À EN-TÊTE

SA au capital de 33 240 916 € contact@mr-bricolage.fr

Mr.Bricolage
ON PEUT COMPTER SUR LUI

Recherchez un produit, une référence, une marque ...

Quincaillerie | Outillage | Luminaire et Décoration | Aménagement intérieur | Revêtements muraux/sols | Electricité Domotique | Chauffage Trait. de l'air | Plomberie Trait. de l'eau | Menuiserie et Construction | Outillage Jardin | Equipement Jardin | Aménagement extérieur | Retrouvez le catalogue

CHARTE D'EXCELLENCE

Le client
La passion de servir le client pour sa satisfaction, avec attention, en ayant le sens de l'accueil, le respect, et en prodiguant conseils produits et conseils techniques.

L'excellence dans notre métier
Un professionnalisme de qualité.
Un comportement irréprochable… vis-à-vis du client, de l'adhérent et de l'entreprise.

L'esprit d'équipe
Un esprit d'équipe décliné au quotidien à travers le respect, l'écoute, la compréhension, l'entraide, les réalisations communes.

Le point de vente
Une mise en valeur de l'espace de vente grâce à une tenue impeccable des rayons et à un approvisionnement organisé.

Les services « + » client
Toujours plus proche du consommateur, Mr.Bricolage propose une carte de fidélité très attrayante, qui offre de nombreux avantages associés. Elle permet de fidéliser les clients. Selon leur taille, les magasins développent un certain nombre de services tels que : atelier SAV, location de matériel, découpe bois et verre, livraison…

Répartition des missions

	Gestionnaire personnel 1	Gestionnaire personnel 2	Gestionnaire personnel 3
Mission entretiens individuels	Rédiger une note de synthèse sur l'entretien individuel Créer un déroulé chronologique de l'organisation des entretiens Créer le modèle de compte-rendu de l'entretien annuel Mettre en œuvre la conduite de l'entretien (document à destination de l'employeur)	Rédiger la convocation des salariés à l'entretien individuel Mettre en forme le document de préparation à l'entretien (à destination du salarié) Faire une recherche sur les « Serious Game »	Rédiger une convocation à destination des chefs de services Créer un diaporama Réserver une salle Transmettre des documents par mail Créer un planning Renseigner les salariés sur les congés pour bilan de compétence
Mission formation	Présenter un document de synthèse sur la formation Répondre aux salariés ayant demandé une formation Préparer la concertation avec les représentants du personnel	Recenser les besoins : créer un questionnaire Recenser et traiter les demandes reçues sur un tableau. Faire face à l'inaptitude d'un salarié : recherche documentaire et rédaction d'un courrier	Créer un modèle de lettre de demande de formation Répondre à une demande de renseignements sur la VAE Créer une lettre type de réponse aux demandes de DIF Créer le classeur qui recense les formations prévues et calcule le coût prévisionnel
Mission lancement de la formation	Consulter un catalogue fournisseur. Écrire une note sur texteur. Demander un devis	Mettre à jour le fichier fournisseur (PGI) Préparer le déplacement	Gérer le règlement Suivre un litige
Mission budgets	Calculer les ratios de rémunération du personnel et de productivité du travail	Calculer et justifier les variations entre budgets prévisionnel et réel	Calculer l'augmentation prévisionnelle des salaires selon deux méthodes Contrôler l'évolution de la masse salariale
Mission charges sociales (en classe entière)	Analyser le fonctionnement des cotisations sociales Rapprocher un document issu du PGI d'un bordereau de déclaration Remplir un bordereau de déclaration Extraire les informations sociales du PGI et préparer les déclarations		

L'ENTRETIEN INDIVIDUEL

MISSION 1

SITUATION PROFESSIONNELLE 2.2.3

Situations professionnelles	Complexités
3.1.1 Collecte et recherche d'informations 3.1.2 Production d'informations structurées 3.2.1 Organisation et suivi de réunions 3.2.2 Gestion des flux de courriers 3.4.1 Gestion des agendas 3.4.2 Planification et suivi des activités	– Multiplicité des opérations à planifier – Production d'un support inédit, intégrant des contraintes esthétiques. – Synchronisation des agendas – Demandes d'informations techniques – Délais courts
Correspondances savoirs économiques et juridiques	
▸ Le cadre réglementaire de la gestion des carrières ▸ Les objectifs et les enjeux de la gestion prévisionnelle des carrières ▸ La valeur juridique des documents ▸ Le droit à l'image et la propriété intellectuelle ▸ La preuve ▸ Le droit de la preuve lié à Internet ▸ Le rôle des acteurs et des partenaires dans les organisations ▸ L'organisation du temps de travail	

ACTIVITÉ 1 ›› RÉDIGER UNE NOTE DE SYNTHÈSE CONCERNANT L'ENTRETIEN INDIVIDUEL

Situation 3.1.2

M. Thibault Lamarque a pris très récemment ses nouvelles fonctions de Responsable du service ressources humaines dans l'entreprise. Il a donc en charge de nombreux dossiers comme le recrutement, les salaires, le temps de travail…

Il souhaite dès à présent organiser les entretiens d'évaluation et vous demande votre aide (Document 1).

DOCUMENT 1

J'ai noté que les entretiens d'évaluation se faisaient habituellement sur la période de décembre-janvier. Afin de les mettre en place dans de bonnes conditions, je souhaiterais que vous me rédigiez une note de synthèse regroupant des informations qui répondraient aux questions suivantes :

– quels sont les objectifs pour le salarié et pour l'employeur ?
– est-ce obligatoire ?
– à quelle fréquence faut-il les faire ?
– quel doit en être le contenu ? Pour quelle durée ?
– quelle est la personne chargée de mener l'entretien ?
– quels sont les droits et les obligations du salarié ?
– quel(s) type(s) de support(s) faut-il prévoir pour mener l'entretien ?

ACTIVITÉ 2 » CRÉER UN DÉROULÉ CHRONOLOGIQUE DE L'ORGANISATION DES ENTRETIENS

Situation 3.4.2

Complexité : Multiplicité des opérations à planifier

Afin de visualiser la répartition des tâches nécessaires à l'organisation de ces entretiens, vous présenterez un déroulé chronologique (qui, quoi, quand, comment) à partir du calendrier (Document 2) et de mes notes (Document 3).

Document 2

Octobre 2014

n°	Lu	Ma	Me	Je	Ve	Sa	Di
40			1	2	3	4	5
41	6	7	8	9	10	11	12
42	13	14	15	16	17	18	19
43	20	21	22	23	24	25	26
44	27	28	29	30	31		

Novembre 2014

n°	Lu	Ma	Me	Je	Ve	Sa	Di
44						1	2
45	3	4	5	6	7	8	9
46	10	11	12	13	14	15	16
47	17	18	19	20	21	22	23
48	24	25	26	27	28	29	30

Décembre 2014

n°	Lu	Ma	Me	Je	Ve	Sa	Di
49	1	2	3	4	5	6	7
50	8	9	10	11	12	13	14
51	15	16	17	18	19	20	21
52	22	23	24	25	26	27	28
1	29	30	31				

Janvier 2015

n°	Lu	Ma	Me	Je	Ve	Sa	Di
1				1	2	3	4
2	5	6	7	8	9	10	11
3	12	13	14	15	16	17	18
4	19	20	21	22	23	24	25
5	26	27	28	29	30	31	

Document 3

- Les entretiens doivent avoir lieu sur les semaines 50 et 51 du mois de décembre et les semaines 2, 3 et 4 du mois de janvier.
- Distribution des convocations 15 jours avant l'entretien individuel.
- Informer le CE et les DP de la mise en place des entretiens (en priorité).
- Réunion des chefs de service semaine 45 (envoi de leur convocation 3 semaines avant).
- Préparer tous les documents nécessaires aux évaluations et le diaporama pour la réunion des chefs de service.
- Vous vous rapprocherez de Mélanie DURAND et Maud POMMIER afin de vérifier que rien n'a été oublié.

ACTIVITÉ 1 » RÉDIGER UNE CONVOCATION

Situation 3.2.2

M. Lamarque vous charge d'organiser la réunion des chefs de service au cours de laquelle il les informera de la procédure à suivre pour mener à bien ces entretiens.

Dans un premier temps, il vous demande de convoquer par mail (Annexe 1) tous les responsables de service pour le 10/11 de 9 h à 11 h (présence obligatoire pour tous).

Annexe 1

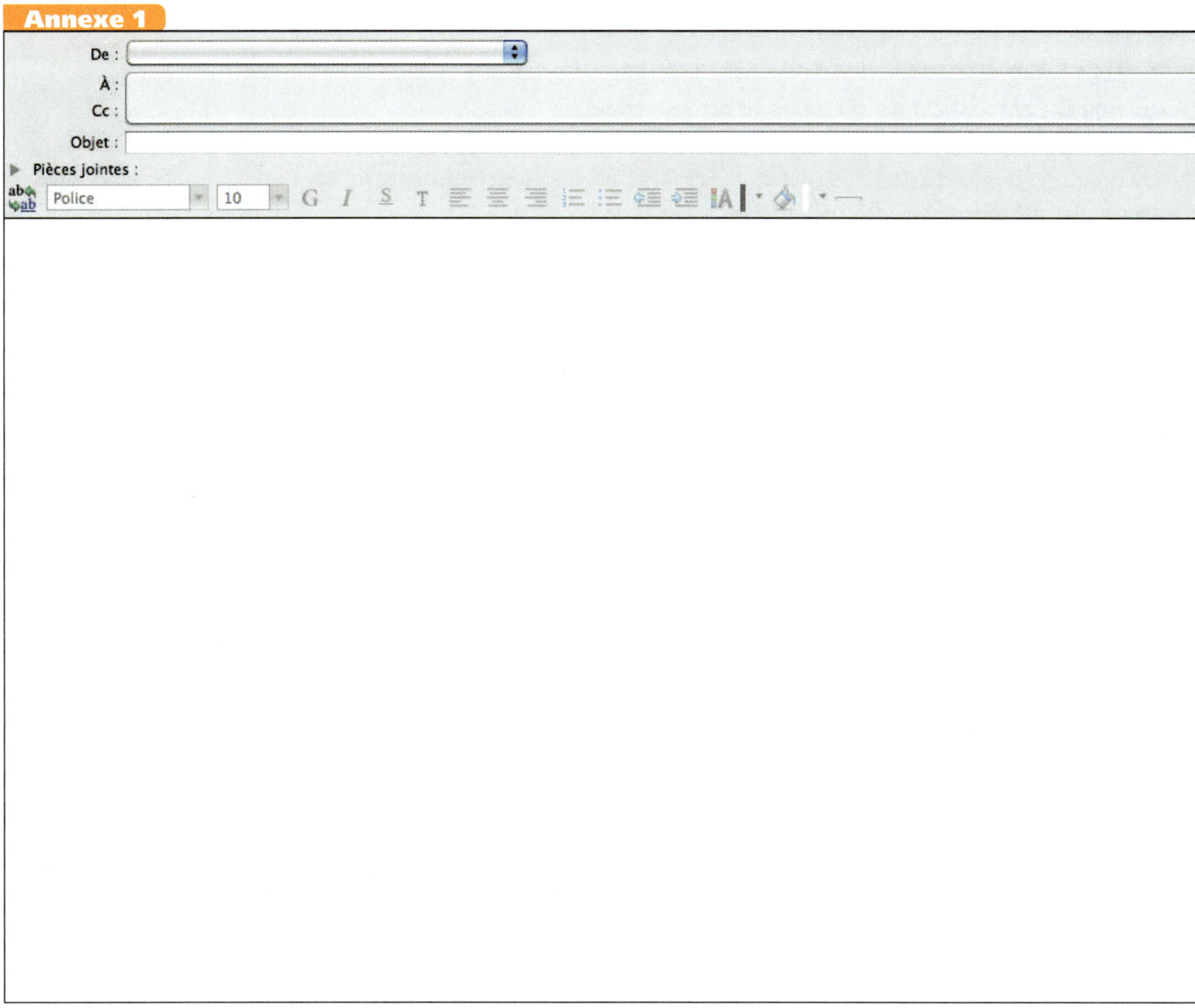

ACTIVITÉ 2 ❯❯ CRÉER UN DIAPORAMA

Situation 3.1.2

Complexité : Production d'un support inédit, intégrant des contraintes esthétiques

La procédure à suivre pour mener à bien ces entretiens sera présentée à l'aide d'un diaporama. M. Lamarque vous a laissé ses consignes (**Document 1**), ainsi qu'une documentation (**Document 2**). Faites le nécessaire.

DOCUMENT 1

Les diapositives devront reprendre les éléments suivants :

- *le titre « Les entretiens individuels » et la période : du ... au ...,*
- *un rappel (très visuel) des objectifs de cet entretien,*
- *la liste des documents disponibles sur l'intranet de l'entreprise : convocation individuelle, document de préparation à remettre au salarié, document d'évaluation, document de synthèse de l'entretien,*
- *les consignes pour mener un entretien (à rédiger à l'aide de la documentation jointe),*
- *les documents nécessaires à la préparation de l'entretien pour chaque salarié : définition du poste, compte-rendu de l'entretien N-1, récapitulatif des formations réalisées, compteur DIF, grille de rémunération, CV du salarié, fiche de poste des précédents emplois occupés dans l'entreprise, fiche de préparation pour le salarié, fiche d'entretien, modèle de compte-rendu,*
- *la date de remise de l'ensemble des comptes-rendus au Directeur administratif : le 2 février.*

DOCUMENT 2

JDN
l'économie demain

Chercher une entreprise, un dirigeant, une tendance

S'inscrire | Connexion

ÉCONOMIE RÉELLE

ACCUEIL | WEB & TECH | MÉDIA | MANAGEMENT | BUSINESS | PATRIMOINE | VIDÉOS | PREMIUM | LE HUB | APPLIS

Le mot d'ordre d'un entretien réussi est la disponibilité d'esprit des participants.

Ne prévoyez pas de rendez-vous impossibles à déplacer, éteignez téléphone et messagerie électronique. « En tant que manager, assurez-vous que le collaborateur est prêt à échanger en lui demandant comment il va. C'est le manager qui mène l'entretien ». « Il est conseillé de demander au collaborateur comment s'est passé sa préparation de l'entretien ». C'est une bonne entrée en matière pour montrer que la discussion qui suivra se fera à deux et ne sera pas seulement un exposé du manager.

Puis, il expose le déroulement de l'entretien : bilan de l'année, nouveaux objectifs et perspectives d'avenir du collaborateur. Il redonne ensuite la parole à ce dernier pour d'éventuelles remarques. L'idée est de se mettre d'accord dès le début sur les points qui seront abordés et ceux qui ne le seront pas, pour éviter les déceptions.

Ensuite, tout au long de l'entretien, le principe est de donner la parole en premier au collaborateur. Outre l'efficacité du collaborateur dans son poste actuel, ce rendez-vous doit être l'occasion d'aborder son avenir.

À la fin de l'entretien, il faut produire un document synthétisant ce qui a été dit. Ce compte-rendu doit être rempli à deux, de préférence dès la fin de l'échange.

www.journaldunet.com

ACTIVITÉ 3 ❯❯ RÉSERVER UNE SALLE

Situation 3.2.1

Pour terminer, M. Lamarque vous charge de procéder à la réservation par mail de la salle de réunion n° 211 auprès de l'assistante de Mme Portier (Annexe 2).

Annexe 2

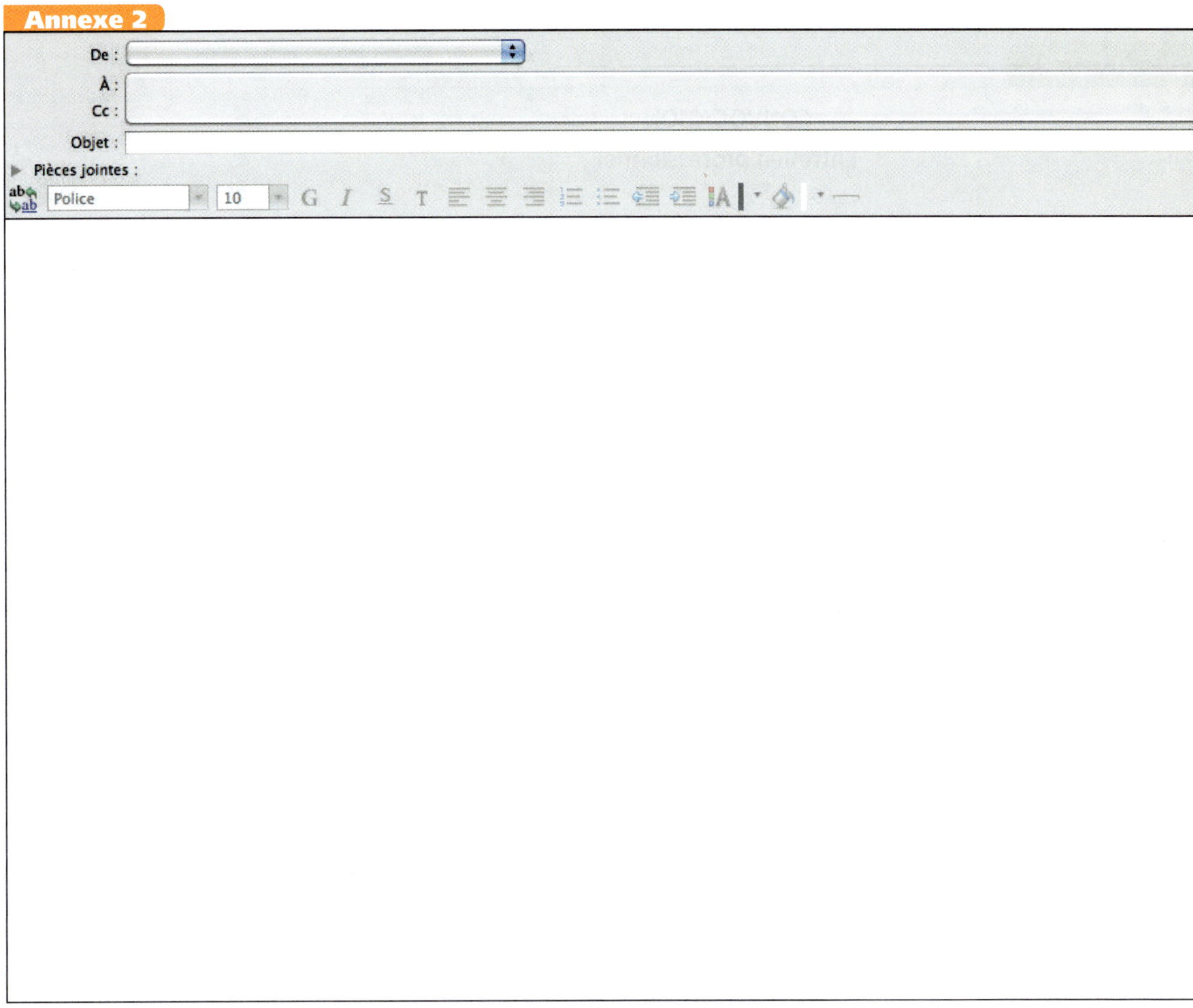

ACTIVITÉ 1 ›› RÉDIGER LA CONVOCATION À L'ENTRETIEN INDIVIDUEL

Situation 3.1.2

M. Lamarque vous charge de rédiger la convocation à l'entretien individuel à partir du modèle de l'année dernière (Document 1) et de ses remarques (Document 2).

DOCUMENT 1

CONVOCATION

Entretien professionnel

Je vous informe que vous êtes convoqué(e) (date, heure et lieu)

....,

muni(e) de la fiche de poste et du document de préparation joints.

Cet entretien sera conduit par votre supérieur hiérarchique direct ....

.... et portera notamment sur les éléments contenus dans la fiche jointe à la présente convocation.

Il fera l'objet d'un compte-rendu établi par votre supérieur hiérarchique direct qui relatera tous les thèmes abordés au cours de l'entretien.

Le Responsable Service ressources humaines

DOCUMENT 2

– Prévoir lettre en publipostage avec variables pour le destinataire mais aussi dans le corps de la lettre,

– Supprimer le titre, il faut une présentation de lettre,

– Étoffer le contenu à l'aide du plan suivant :

- rappeler les objectifs de l'entretien d'évaluation,
- expliquer la nécessité pour le salarié de préparer cet entretien grâce au document de préparation joint,
- l'informer de la rédaction d'un compte-rendu à l'issue de l'entretien, qui devra être retourné signé dans les 10 jours,
- indiquer la durée à prévoir (1 h 30 environ),
- joindre également description de poste et compte-rendu du dernier entretien annuel,

– Une formule de politesse de type mail ou télécopie.

ACTIVITÉ 2 » » METTRE EN FORME LE DOCUMENT DE PRÉPARATION À L'ENTRETIEN POUR LE SALARIÉ

Situation 3.1.2

Complexité : Production d'un support inédit, intégrant des contraintes esthétiques

M. Lamarque a vérifié les documents utilisés pour l'entretien individuel. Il souhaite que le document préparatoire à l'entretien soit modifié. Il vous demande de le présenter en tenant compte des corrections qu'il y a apportées (Document 3).

Vous le lui transmettrez en mail pour approbation (Annexe 1).

Document 3

Mr.Bricolage **[ÉVALUATION PROFESSIONNELLE]**

> **Commentaire [S1] :** Plutôt : Entretien annuel

PARCOURS PROFESSIONNEL [CE QUE J'AI FAIT AVANT MON POSTE ACTUEL]

> **Commentaire [S2] :** En lettres minuscules

– Emplois occupés : ....

....

– Compétences mobilisées : ....

....

> • Définir des zones précises (dans des cadres) à l'aide de sous-titres.
> • Des questions se répètent, il faut donc en supprimer.
> • Améliorer la mise en page et la présentation, l'ensemble étant présenté sur 2 pages.
> • Tous les éléments doivent être présentés sous forme de questions à la 1re personne du singulier (ex. : « Quelles sont mes principales missions » ?).
> • Ajouter une phrase introductive rappelant que ce document a pour but d'aider le salarié à se préparer à son entretien professionnel, que ses réponses sont donc confidentielles et à son usage personnel.

POSTE ACTUEL

Fonction exercée : ....

Liste des principales missions : ....

....

BILAN ET ÉVALUATION DES RÉSULTATS SUR L'ANNÉE

– Quels étaient mes objectifs ? [OBJECTIFS DE L'ANNÉE ÉCOULÉE]

> **Commentaire [S3] :** Prévoir un tableau avec une colonne permettant d'inscrire 3 ou 4 objectifs et des colonnes pour cocher si le niveau est atteint, non atteint ou en cours

....

....

....

– Quelles étaient mes principales missions ? ....

....

– Estimez-vous que vos objectifs ont été [atteints] ? ....

> **Commentaire [S4] :** Cases à cocher pour les 3 lignes qui suivent

....

– Les délais d'exécution ont-ils été respectés ? ....

....

– Quelles ont été les difficultés rencontrées ? ....

....

– Des solutions ont-elle été apportées ? [Lesquelles ? Par qui ?] ....

> **Commentaire [S5] :** Présentation à revoir

....

– Quels sont mes points de progrès ? ....

....

– Nouvelles compétences acquises ? ....

....

– Points [forts]
– Points faibles

> **Commentaire [S6] :** Supprimer cette zone

Document 3 (suite)

[ÉVALUATION DES COMPÉTENCES]

> **Commentaire [S7] :** À présenter en tableau

Indiquer si d'après vous, chacune des compétences est satisfaisante ou à améliorer :

– organisation du travail : ....

– productivité : ....

– degré d'autonomie : ....

– respect des consignes : ....

– respect des délais : ....

[ ]

> **Commentaire [S8] :** Ajouter 3 éléments : expression écrite, expression orale et sens des responsabilités

[OBJECTIFS DE L'ANNÉE À VENIR]

> **Commentaire [S9] :** À placer en dernière partie du questionnaire

– Quels sont mes souhaits d'évolution professionnelle pour l'année à venir ?

....

[IDENTIFICATION DES BESOINS DE FORMATION]

> **Commentaire [S10] :** À placer après évaluation des compétences

– Formation(s) reçue(s) au cours de l'année ?

....

– [Dans quels domaines pensez-vous avoir besoin de vous former ?]

> **Commentaire [S11] :** 2 colonnes : besoins en formation et résultats attendus

....

....

VOTRE PLACE DANS L'ENTREPRISE

Vous sentez vous bien intégré(e) au sein de l'entreprise ? ....

Comment se passe la relation avec l'équipe ? ....

....

....

Annexe 1

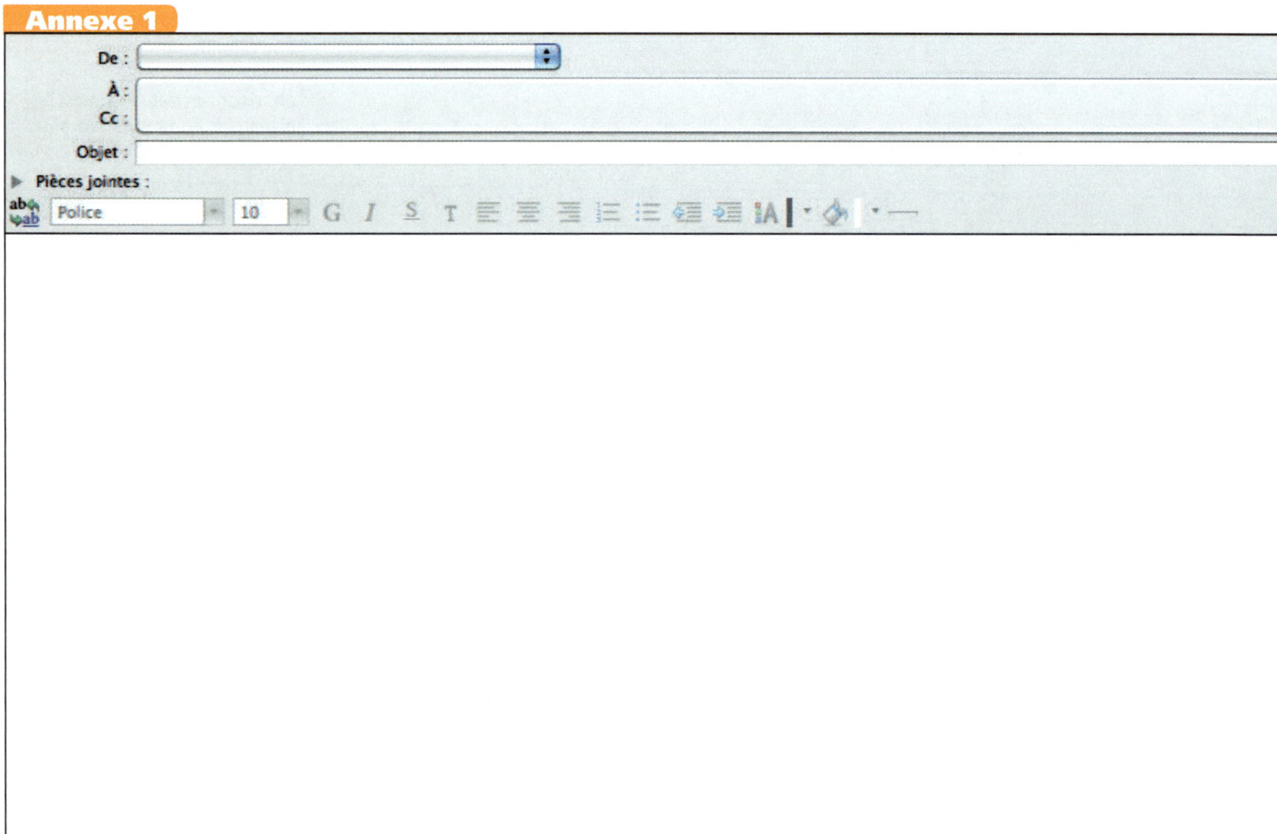

ACTIVITÉ 3 » CRÉER LE MODÈLE DE COMPTE-RENDU DE L'ENTRETIEN ANNUEL

Situation 3.1.2

Complexité : Production d'un support inédit, intégrant des contraintes esthétiques

Jusqu'à présent les comptes-rendus des entretiens d'évaluation étaient rédigés par les responsables sans trame particulière. M. Lamarque souhaite en uniformiser la présentation et vous charge de créer le document « Synthèse de l'entretien individuel » à partir des consignes fournies (Document 4).

DOCUMENT 4

Prévoir une dizaine de zones bien distinctes : l'identité du salarié, le bilan de l'année écoulée, les objectifs de l'année à venir, le bilan des formations suivies, les besoins en formation, le DIF, les remarques du salarié, les remarques du chargé de l'entretien et enfin une zone pour les 2 signatures et la date.

Je souhaite que la présentation soit dans le même esprit que le document de préparation dont vous pourrez vous inspirer également.

Merci.

ACTIVITÉ 4 » METTRE EN ŒUVRE LA CONDUITE DE L'ENTRETIEN

Situation 3.1.2

Complexité : Production d'un support inédit, intégrant des contraintes esthétiques

M. Lamarque souhaite rassembler dans un document type fiche outil les recommandations à adresser aux chefs de service afin que l'entretien renforce la qualité de la communication et de la collaboration dans les services de Mr.Bricolage. Il vous demande de rédiger ces recommandations sous forme de charte.

Il envisage un document en 3 étapes :

- Avant l'entretien : les documents à préparer, les pièges à éviter...
- Pendant l'entretien : les attitudes à adopter, les techniques de communication à utiliser, les risques à gérer...
- À la fin de l'entretien : les conseils pour conclure, les objectifs à fixer, la motivation à entretenir...

ACTIVITÉ 4 » TRANSMETTRE DES DOCUMENTS PAR MAIL

Situation 3.2.2

M. Lamarque a validé les trois documents qui lui ont été remis par le gestionnaire du personnel : la convocation à l'entretien, le document de préparation et le document sur la conduite de l'entretien. Il vous demande de les envoyer par mail aux responsables de service (Annexe 3) et de leur indiquer que tous les entretiens devront être terminés pour le 23 janvier et les comptes-rendus lui être transmis pour le 2 février au plus tard.

Annexe 3

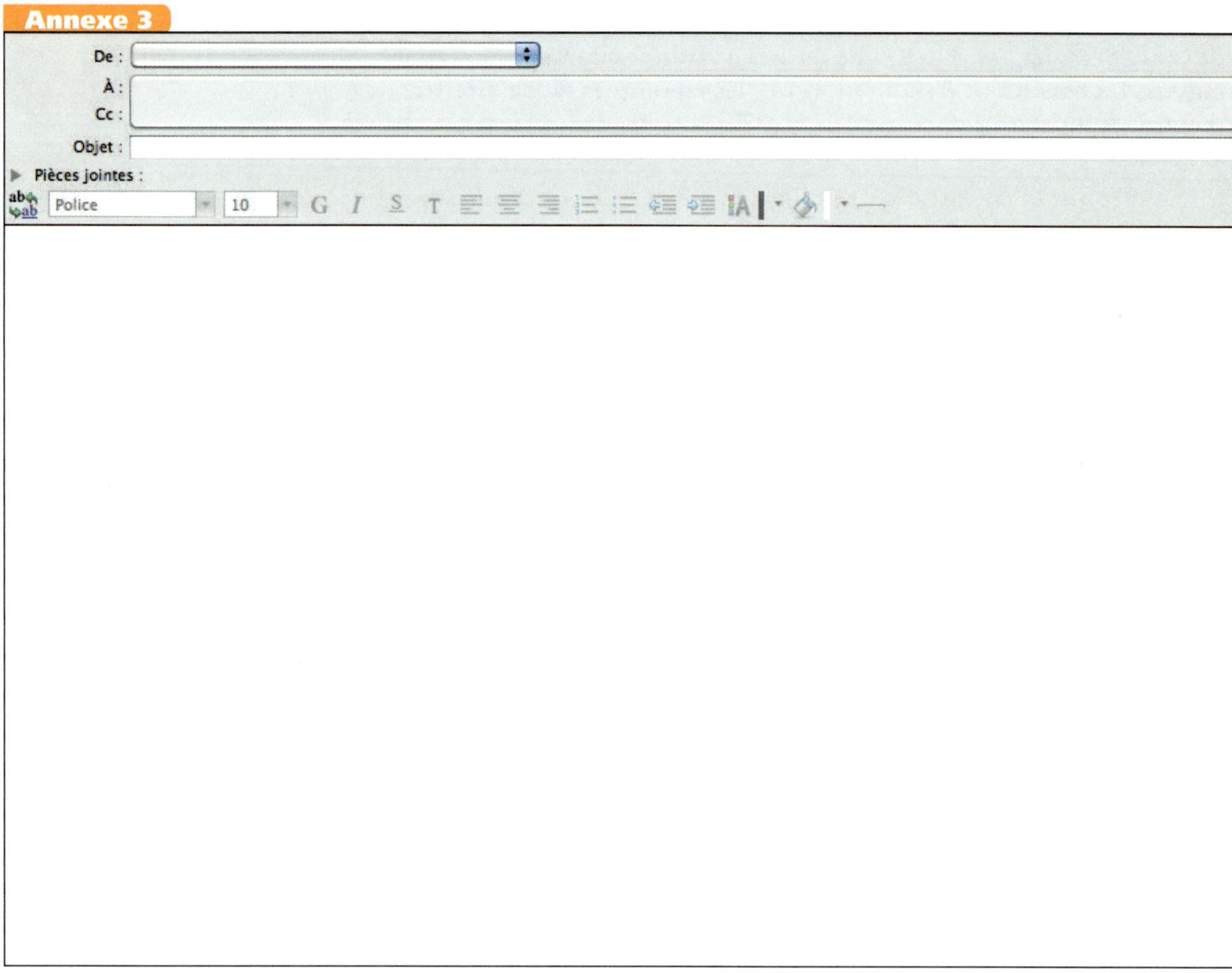

ACTIVITÉ 5 » CRÉER UN PLANNING

Situation 3.4.1

Complexité : Synchronisation des agendas

Les entretiens individuels concernent tous les salariés et donc également le service des ressources humaines. M. Lamarque doit donc assurer les entretiens des salariés de son service. Il a également accepté d'assurer les entretiens des salariés placés sous la responsabilité de Myriam Elba, celle-ci étant en congé maternité. Pour les mettre en place, il vous demande de lui proposer un planning en vous aidant de ses consignes (Document 3), de son agenda (Document 4) et de l'organigramme.

Document 3

Je dois assurer les entretiens d'évaluation de mon service mais aussi des 2 assistantes de Myriam Elba.
Merci de tenir compte de quelques contraintes :
– maximum 2 rendez-vous par jour,
– pas de rendez-vous en décembre, je serai trop chargé,
– pas de rendez-vous après 16 h ni le vendredi,
– alternez les salariés des 2 services.

Document 4

janvier 2015

	lundi	mardi	mercredi	jeudi	vendredi
29 déc. – 4 janv.	29 déc.	30	31	1 janv. 15	2
5 – 11 janv.	5	6	7	8	9
	09:00 12:00 **RÉUNION**	16:00 18:00 **Vœux Maire**	**RTT**	10:00 11:30 **Réunion CSCHT** 14:00 16:00 **RV Pôle Emploi**	
12 – 18 janv.	12	13	14	15	16
	09:00 10:00 **RÉUNION** 11:00 12:30 **RV Sté FSC**	10:00 **COLLOQUE RH**	**COLLOQUE RH** 18:00		
19 – 25 janv.	19	20	21	22	23
	09:00 10:00 **DIRECTION**	**Salon HABITAT**	12:30 16:00 **Déj. + Réunion**	**DÉPLACEMENT COLOGNE**	**DÉPLACEMENT COLOGNE**

ACTIVITÉ 3 » FAIRE UNE RECHERCHE SUR LES « SERIOUS GAMES »

Situation 3.1.1

Complexités : – Demandes d'informations techniques
– Délais courts

M. Lamarque vous a laissé une note (Document 4).

DOCUMENT 4

J'ai entendu parler récemment de « Serious game ». La Direction des ressources humaines d'EDF a mis en place un « Serious game » pour aider les responsables à mener au mieux les entretiens individuels.

Pourriez-vous effectuer une recherche sur ce sujet et me rédiger une note ? Vous préciserez également si d'autres entreprises utilisent déjà les « Serious game » et dans quel domaine ?

Annexe 2

ACTIVITÉ 5 » RENSEIGNER LES SALARIÉS SUR LES CONGÉS POUR BILAN DE COMPÉTENCES

Situation 3.1.1

Complexités : – Demandes d'informations techniques
– Délais courts

Avant même que la campagne des entretiens individuels ne soit lancée, le service des ressources humaines a reçu une demande de congé de bilan de compétences de la part d'une de ses salariés, Madame Justine Bobin.

DOCUMENT 5

FICHE DE RENSEIGNEMENT SALARIÉ			
Nom :	BOBIN	Prénom :	Justine
N° Sécurité sociale :	2 83 05 75 109 059 81		
Adresse complète :	63 rue Jeanne d'Arc 45000 ORLEANS		
Tel fixe :	02 59 20 23 88	Tel portable :	06 78 29 42 85
e-mail :			
Date de naissance :	15/05/1983	Nationalité :	Française
Commune naissance :	Paris	Département naissance :	Paris
Pays naissance :	France		
Situation familiale :	Célibataire		
Date d'entrée :	15/03/2012	Service :	Approvisionnements
Taux AT :	01	Type de contrat :	CDI
Profil salarié :	Non cadre mensuel	Salaire mensuel :	1 720,00 €
Nombre d'heures mensuelles :		151,67	

Document 6

Je souhaite me reconvertir et ouvrir un salon de coiffure.
J'ai besoin pour construire mon projet de vérifier sa faisabilité par un bilan de compétences. Mais je ne sais pas trop quelles sont les conditions d'obtention d'un congé pour faire ce bilan. Pourriez-vous me dire quels sont mes droits et si je peux prétendre à un tel congé ?
Merci.

Ce type de demande revient régulièrement. M. Lamarque vous demande donc d'établir le document sur texteur qui sera mis à la disposition des salariés sur l'Intranet de Mr.Bricolage, et qui présentera le congé de bilan de compétences.

Vous devrez aborder les points suivants :
- Quels sont les objectifs du bilan de compétences ?
- Qui prend l'initiative du bilan de compétences ?
- Comment bénéficier d'un bilan de compétences ?
- Quels sont les droits des salariés en CDD ?
- Où faire un bilan de compétences ?

La présentation de ce document devra être synthétique, sous forme de fiche-outil, par exemple.

M. Lamarque vous demande également d'étudier la demande de Justine Bobin à l'aide des Document 5 et 6 pour savoir si elle est recevable. Vous devrez la joindre par téléphone s'il vous manque des informations pour répondre (Annexe 1). Puis vous lui adresserez un mail pour répondre à ses questions (Annexe 2).

Annexe 1

Entreprise : .... Personne à contacter : .... Service :	Téléphone : __ __ __ __ __ Date de l'appel : __ / __ / ____
Objet de l'appel :	
PLAN DE L'APPEL TÉLÉPHONIQUE	
....	

Annexe 2

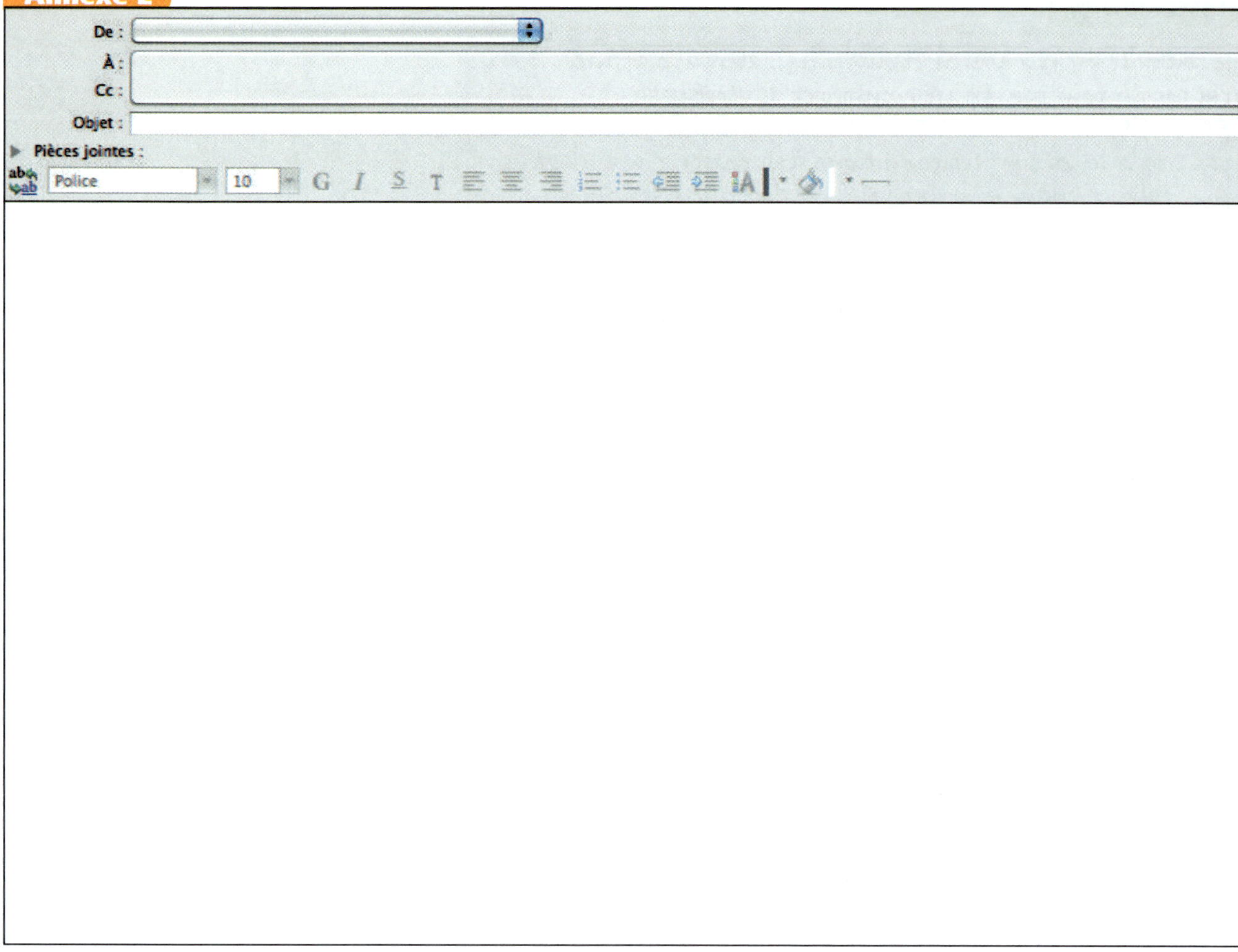

LA PRÉPARATION D'UNE CAMPAGNE DE FORMATION

MISSION 2

SITUATION PROFESSIONNELLE 2.2.4

Situations professionnelles	Complexités
3.1.1 Collecte et recherche d'informations 3.1.2 Production d'informations structurées	– Production d'un support inédit, intégrant des contraintes esthétiques – Demande d'informations techniques – Délais courts – Document intégrant des calculs, des graphiques et des tableaux élaborés
Correspondances savoirs économiques et juridiques	
▸ Le droit à la formation ▸ Les dispositifs de formation ▸ Les adaptations aux évolutions de l'activité professionnelle ▸ La protection de la relation de travail, l'obligation de reclassement ▸ La valeur juridique des documents ▸ Le droit à l'image et la propriété intellectuelle	

Pour organiser et mettre en forme le plan de formation de Mr.Bricolage, M. Thibault Lamarque a besoin que sa base documentaire et ses outils de travail soient mis à jour.

ACTIVITÉ 1 ›› PRÉSENTER UN DOCUMENT DE SYNTHÈSE SUR LA FORMATION

Situation 3.1.2

Complexités : – Demandes d'informations techniques
– Délais courts

M. Lamarque souhaite disposer d'un document complet en réunion de direction lorsqu'il devra présenter le plan de formation annuel.

Il vous charge d'élaborer un diaporama qui :

– rappelle, pour l'entreprise et pour le salarié, les objectifs de la formation professionnelle (il lui semble que les sites service.public.fr et travail.gouv.fr peuvent vous fournir une bonne base de recherche) ;

– reprenne également les obligations financières (taxes assises sur la masse salariale) des entreprises, ainsi que leurs obligations en matière de concertation ;

– définisse les termes et acronymes suivants (une diapositive pour chaque, avec par exemple, la définition, les formations visées, les modes de financement) :
  - DIF,
  - CIF,
  - VAE,
  - CBC,
  - Plan de formation.

ACTIVITÉ 1 ›› RECENSER LES BESOINS

Situation 3.1.1

M. Lamarque souhaite travailler dans la concertation et faire coïncider les besoins de Mr.Bricolage et les aspirations des salariés.

Il vous charge donc d'élaborer et de mettre en forme, sur texteur, un questionnaire qui sera distribué à tous les salariés de Mr.Bricolage.

Il vous laisse une note avec ses recommandations (Document 1).

Document 1

Vous devrez mentionner sur le questionnaire qu'il n'est pas obligatoire d'y répondre.
Un volet d'identification du salarié est nécessaire (nom, prénom, sexe, tranche d'âge, service, fonction, mail professionnel...).
Le questionnaire devra contenir les questions suivantes (toutes vos suggestions complémentaires seront les bienvenues) :

- Seriez-vous intéressé(e) par une formation (Oui/Non) ?
- De quelle durée ?
    - Quelques heures
    - Quelques jours
    - \+ 100 heures
    - \+ 200 heures
- Recherchez-vous :
    - une meilleure adaptation à votre poste de travail
    - l'obtention d'une qualification professionnelle
    - une évolution professionnelle
- Souhaitez-vous avoir recours à :
    - votre DIF
    - un CIF
    - une VAE
    - un CBC

ACTIVITÉ 1 » CRÉER UNE LETTRE-TYPE DE DEMANDE DE FORMATION

Situation 3.1.2

Complexités : – Demandes d'informations techniques
– Délais courts

M. Lamarque vient de recevoir un courrier de demande de DIF (Document 1). Ayant constaté qu'il manquait des éléments pour pouvoir apporter une réponse, il vous charge de créer une lettre-type de demande de DIF. Vous la transmettrez ensuite en mail à tous les chefs de service afin qu'ils la tiennent à disposition des salariés. Vous préciserez également que les demandes de cette année doivent être adressées avant le 28 février. Vous pourrez vous aider du modèle de lettre proposé de cette année sur EBP et la personnaliserez pour Mr.Bricolage.

Document 1

M. BERTHIER
Service approvisionnement

Monsieur LAMARQUE
Directeur des Ressources Humaines

Monsieur,

Je viens d'être informé de mon droit à DIF qui est de 40 h. Je souhaiterais l'utiliser pour suivre une formation de PAO.

J'espère que vous répondrez favorablement à ma demande et vous en remercie.

Veuillez agréer, Monsieur, l'expression de mes salutations respectueuses.

Berthier

ACTIVITÉ 2 » RÉPONDRE À UNE DEMANDE DE RENSEIGNEMENTS SUR LA VAE

Situation 3.1.1

Complexité : Production d'un support inédit, intégrant des contraintes esthétiques

M. Lamarque a reçu un mail d'un salarié (Document 2) lui demandant des informations sur la VAE.

Il vous a transféré ce mail et vous demande d'y répondre (Annexe 1). Vous effectuerez les recherches qui vous permettront de lui indiquer les différentes étapes à suivre.

Vous lui préciserez que le financement pourra être pris en charge dans le cadre du plan de formation.

Document 2

De :

À : t.lamarque@mr.bricolage.fr

Cc :

Objet : Demande d'informations pour une VAE

Pièces jointes :

Monsieur,

Au cours de mon entretien d'évaluation, mon responsable m'a suggéré d'envisager une VAE.

En effet, au cours des 5 dernières années, j'ai acquis de nouvelles compétences : management d'une équipe de vendeurs, suivi de l'activité des ventes de luminaires, gestion des relations avec les fournisseurs…

Pourriez-vous m'indiquer à quel type de diplôme je pourrais prétendre et la marche à suivre pour effectuer cette VAE ?

Avec mes remerciements.

Salutations respectueuses.

Killian MAUDUIT
Vendeur Magasin Mr.Bricolage Châteaubourg

Annexe 1

De :

À :

Cc :

Objet :

Pièces jointes :

ACTIVITÉ 2 » RECENSER ET TRAITER LES DEMANDES RECUES

Situation 3.1.1

Complexités : – Demandes d'informations techniques
– Délais courts

M. Lamarque vous transmet les demandes de formation reçues (Document 2). Il vous charge de regrouper toutes les informations dans un tableau. Vous prévoirez une partie permettant d'indiquer l'accord ou le refus du stage. Enfin, vous compléterez ce tableau avec les premières demandes reçues après avoir pris connaissance du Document 3 et contrôlé le droit à DIF de chacun des demandeurs sur les fiches salariés du PGI.

Document 2

Madame Hawa CISSÉ
2 rue du Canal
45260 NOYERS

Mr.BRICOLAGE
Monsieur LAMARQUE
1 rue Montaigne
45000 ORLÉANS

Lettre recommandée avec A.R.

Objet : Demande de DIF — le 23 décembre

Monsieur,

Je souhaite utiliser mon capital d'heures, disponible au titre du DIF, pour suivre la formation dont les caractéristiques figurent ci-dessous :
- **Bilan de compétences**
- Pour une durée totale de 16 h réparties sur 3 séances
- Auprès de l'organisme de formation :
  INFREP – 1 rue des Charretiers – 45012 ORLÉANS
- Coût pédagogique : 2 060 € HT

L'organisme, déjà contacté par mes soins, se tient à votre disposition pour vous faire parvenir la convention de stage. Je joins à la présente le programme détaillé de cette formation.

Dans l'attente de votre réponse, je vous prie de croire, Monsieur, à l'expression de mes salutations les meilleures.

H. CISSÉ

Monsieur Sofiane MOUNDY
17 rue Gâtinais
45300 PITHIVIERS

Mr.BRICOLAGE
Monsieur LAMARQUE
1 rue Montaigne
45000 ORLÉANS

Lettre recommandée avec A.R.

Objet : Demande de DIF — le 3 janvier

Monsieur,

Je souhaite utiliser mon capital d'heures, disponible au titre du DIF, pour suivre la formation dont les caractéristiques figurent ci-dessous :
- **Maîtrise de la parole en public**
- Du 16/02 au 18/02
- Pour une durée totale de 18 h
- Auprès de l'organisme de formation :
  DOXEO – 9 rue de Milan – 75009 PARIS
- Coût pédagogique : 890 € HT

L'organisme, déjà contacté par mes soins, se tient à votre disposition pour vous faire parvenir la convention de stage. Je joins à la présente le programme détaillé de cette formation.

Dans l'attente de votre réponse, je vous prie de croire, Monsieur, à l'expression de mes salutations les meilleures.

S. MOUNDY

Madame LAGRANGE
16 rue Bannier
45000 ORLÉANS

Mr.BRICOLAGE
Monsieur LAMARQUE
1 rue Montaigne
45000 ORLÉANS

Lettre recommandée avec A.R.

Objet : Demande de DIF — le 3 janvier

Monsieur,

Je souhaite utiliser mon capital d'heures, disponible au titre du DIF, pour suivre la formation dont les caractéristiques figurent ci-dessous :
- **Photoshop - Perfectionnement**
- Du 07 avril au 11 avril
- Pour une durée totale de 35 h
- Auprès de l'organisme de formation :
  Capital Formation – 38 rue de la Marine de Loire – 45100 ORLÉANS
- Coût pédagogique : 1 490 € HT

L'organisme, déjà contacté par mes soins, se tient à votre disposition pour vous faire parvenir la convention de stage. Je joins à la présente le programme détaillé de cette formation.

Dans l'attente de votre réponse, je vous prie de croire, Monsieur, à l'expression de mes salutations les meilleures.

B. LAGRANGE

Monsieur Aunshant MOUTOU
8 rue Faubourg Saint-Jean
45000 ORLÉANS

Mr.BRICOLAGE
Monsieur LAMARQUE
1 rue Montaigne
45000 ORLÉANS

Lettre recommandée avec A.R.

Objet : Demande DIF — le 3 janvier

Monsieur,

Je souhaite utiliser mon capital d'heures, disponible au titre du DIF, pour suivre la formation dont les caractéristiques figurent ci-dessous :
- **Initiation à la PAO**
- Du 13 janvier au 14 janvier
- Pour une durée totale de 12 h
- Auprès de l'organisme de formation :
  Capital Formation – 38 rue de la Marine de Loire – 45100 ORLÉANS
- Coût pédagogique : 780 € HT

L'organisme, déjà contacté par mes soins, se tient à votre disposition pour vous faire parvenir la convention de stage. Je joins à la présente le programme détaillé de cette formation.

Dans l'attente de votre réponse, je vous prie de croire, Monsieur, à l'expression de mes salutations les meilleures.

A. MOUTOU

Document 3

Le droit individuel à la formation (DIF) permet au salarié d'acquérir un crédit d'heures pour développer ses compétences, réaliser un bilan de compétences ou entreprendre une démarche de VAE.

Le DIF s'adresse à tout salarié titulaire :
- d'un contrat à durée indéterminée (CDI), à temps complet ou partiel, et disposant d'une ancienneté d'au moins 1 an dans l'entreprise ;
- d'un contrat à durée déterminée (CDD), sous réserve d'avoir travaillé au minimum 4 mois, consécutifs ou non, en CDD au cours des 12 derniers mois.

Le salarié doit au préalable acquérir des droits au titre du DIF. Ces droits se calculent en nombre d'heures acquises par le salarié.

La durée des droits acquis au titre du DIF est de 20 heures par an.
Ces heures peuvent se cumuler dans la limite de 120 h.

ACTIVITÉ 3 » CRÉER UNE LETTRE-TYPE DE RÉPONSE AUX DEMANDES DE DIF

Situation 3.1.2

Complexités : – Demandes d'informations techniques
– Délais courts

M. Lamarque vous charge d'apporter une réponse à chaque salarié ayant demandé une formation.

Pour cela, en suivant ses consignes (Document 3), vous créez les lettres-types d'acceptation et de refus et les adressez aux personnes concernées.

Document 3

Merci de créer un modèle de lettre-type pour les cas d'acceptation et de refus de demande de DIF.

Il est inutile de les adresser en recommandé. En effet, je souhaiterais que ces lettres soient remises en main propre aux intéressés. Vous prévoirez donc une zone intitulée « lettre remise en main propre contre décharge ».

Vous apporterez une réponse aux demandes de formation reçues précédemment.

ACTIVITÉ 2 » PRÉPARER LA CONCERTATION AVEC LES REPRÉSENTANTS DU PERSONNEL

Situation 3.1.2

Complexités : – Demandes d'informations techniques
– Délais courts

M. Lamarque a trouvé sur le site www.pratique.fr une documentation sur les principales étapes de l'élaboration d'un plan de formation (Document 1).

Il souhaite vous associer à la préparation de la réunion de consultation des représentants du personnel. Il vous demande de préparer sur texteur un document à leur présenter qui reprenne :

- les objectifs stratégiques de Mr.Bricolage (la différenciation d'avec les principaux concurrents par la qualité : choix, qualité des articles, mais aussi qualité de la relation client, qualité de la communication interne...). Vous pouvez consulter le livret de présentation de Mr.Bricolage, accessible à tous les salariés ;
- les compétences à acquérir ou à renforcer au sein de l'entreprise pour atteindre cet objectif ;
- les formations (lesquelles et pour qui ?) qui découlent de cette recherche ;
- l'enveloppe budgétaire : cette année, la Direction de Mr.Bricolage pense allouer un budget de 80 000 € à son plan de formation.

DOCUMENT 1

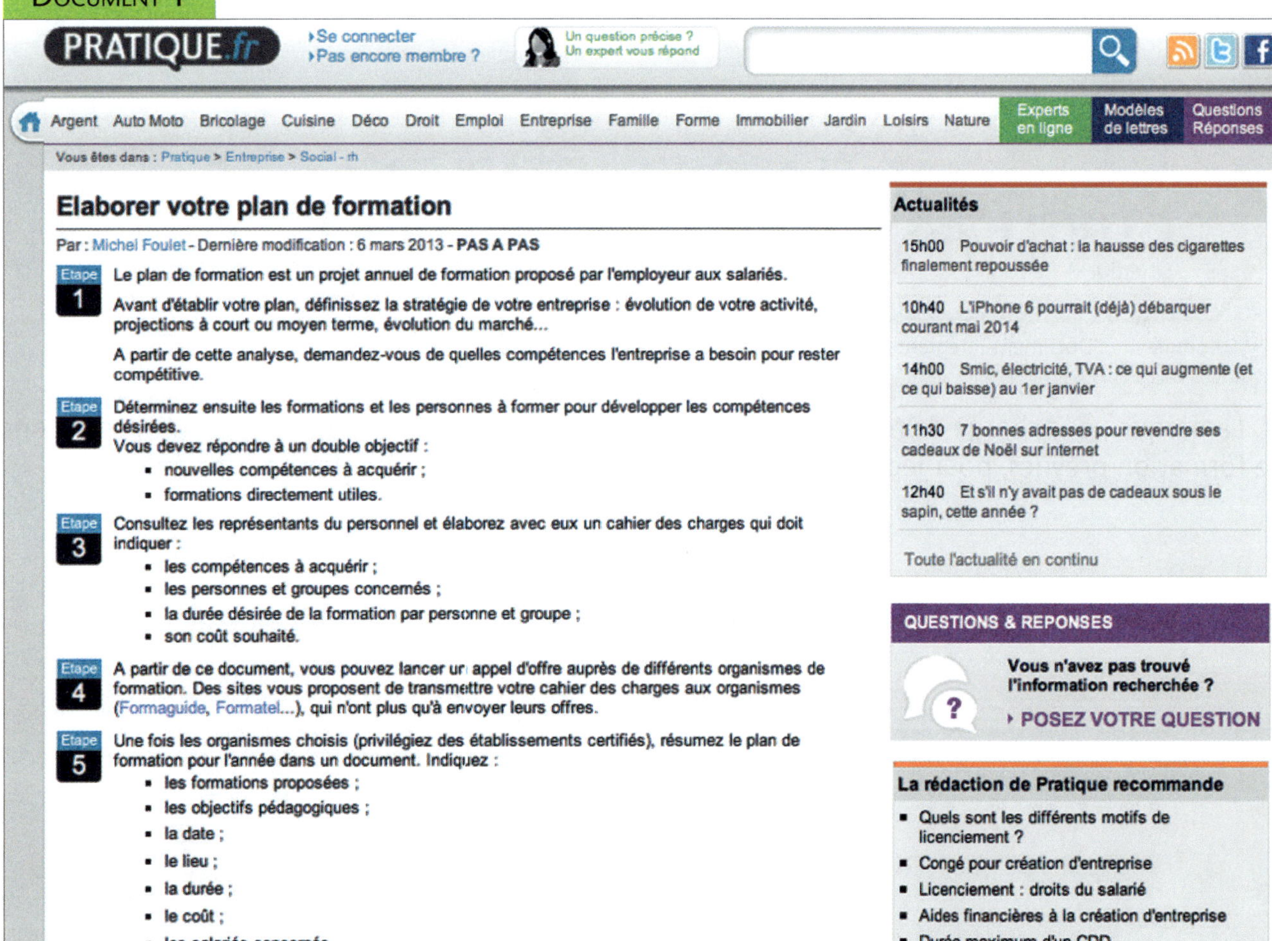

PRATIQUE.fr ›Se connecter ›Pas encore membre ? Un question précise ? Un expert vous répond

Argent Auto Moto Bricolage Cuisine Déco Droit Emploi Entreprise Famille Forme Immobilier Jardin Loisirs Nature | Experts en ligne | Modèles de lettres | Questions Réponses

Vous êtes dans : Pratique > Entreprise > Social - rh

Elaborer votre plan de formation

Par : Michel Foulet - Dernière modification : 6 mars 2013 - **PAS A PAS**

Etape 1 Le plan de formation est un projet annuel de formation proposé par l'employeur aux salariés.

Avant d'établir votre plan, définissez la stratégie de votre entreprise : évolution de votre activité, projections à court ou moyen terme, évolution du marché...

A partir de cette analyse, demandez-vous de quelles compétences l'entreprise a besoin pour rester compétitive.

Etape 2 Déterminez ensuite les formations et les personnes à former pour développer les compétences désirées.
Vous devez répondre à un double objectif :
- nouvelles compétences à acquérir ;
- formations directement utiles.

Etape 3 Consultez les représentants du personnel et élaborez avec eux un cahier des charges qui doit indiquer :
- les compétences à acquérir ;
- les personnes et groupes concernés ;
- la durée désirée de la formation par personne et groupe ;
- son coût souhaité.

Etape 4 A partir de ce document, vous pouvez lancer un appel d'offre auprès de différents organismes de formation. Des sites vous proposent de transmettre votre cahier des charges aux organismes (Formaguide, Formatel...), qui n'ont plus qu'à envoyer leurs offres.

Etape 5 Une fois les organismes choisis (privilégiez des établissements certifiés), résumez le plan de formation pour l'année dans un document. Indiquez :
- les formations proposées ;
- les objectifs pédagogiques ;
- la date ;
- le lieu ;
- la durée ;
- le coût ;
- les salariés concernés.

Actualités

15h00 Pouvoir d'achat : la hausse des cigarettes finalement repoussée

10h40 L'iPhone 6 pourrait (déjà) débarquer courant mai 2014

14h00 Smic, électricité, TVA : ce qui augmente (et ce qui baisse) au 1er janvier

11h30 7 bonnes adresses pour revendre ses cadeaux de Noël sur internet

12h40 Et s'il n'y avait pas de cadeaux sous le sapin, cette année ?

Toute l'actualité en continu

QUESTIONS & REPONSES

Vous n'avez pas trouvé l'information recherchée ?
› POSEZ VOTRE QUESTION

La rédaction de Pratique recommande
- Quels sont les différents motifs de licenciement ?
- Congé pour création d'entreprise
- Licenciement : droits du salarié
- Aides financières à la création d'entreprise
- Durée maximum d'un CDD

ACTIVITÉ 3 FAIRE FACE À L'INAPTITUDE D'UN SALARIÉ

Situation 3.1.1

Complexité : Production d'un support inédit, intégrant des contraintes esthétiques

À la suite d'un accident, M. Idriss Traore est déclaré inapte pour son poste de responsable de rayon.

M. Lamarque vous demande de faire une recherche sur les conséquences de l'inaptitude d'un salarié et de lui rédiger une note sur texteur qui répondra précisément aux questions suivantes :

- Qui déclare l'inaptitude et comment ?
- Quelles sont les obligations de l'employeur dans ce cas ?
- Y a-t-il une procédure à suivre ?
- Que se passe-t-il dans le cas d'un refus du salarié ?

M. Lamarque pense pouvoir proposer à Idriss Traore un poste dans les services administratifs, mais il faudra qu'il soit formé sur les logiciels de bureautique utilisés chez Mr.Bricolage.

Vous devez écrire à Idriss Traore le courrier qui :

- l'informera de ses droits et de nos obligations en matière de reclassement ;
- lui proposera une affectation aux services administratifs avec la formation correspondante ;
- l'informera des conséquences possibles d'un refus de sa part.

ACTIVITÉ 4 ÉLABORER LE TABLEAU DE RECENSEMENT DES ACTIONS DE FORMATION ET LEURS COÛTS

Situation 3.1.2

Complexité : Document intégrant des calculs, des graphiques et des tableaux élaborés

M. Lamarque vous charge de mettre en forme sur tableur le document de présentation des actions de formation prévues, pour lequel il vous a laissé ses exigences de présentation (Document 3).

DOCUMENT 3

PRÉVOIR 1 SEUL CLASSEUR — 1 feuille par type d'action :
- DIF, CIF, VAE, CBC
- Plan de formation 201N
- Formations pluriannuelles

Voici pour exemple le schéma du tableau sur la feuille « Plan de formation 201N ».

FEUILLE DIF…
Dans le groupe Formation prévoir un sous-groupe (avant ou après Durée) Dispositif avec les colonnes : CIF, DIF, CBC, VAE

Présenter les tableaux au format Paysage.
Centrer horizontalement et verticalement.
Le tableau doit occuper la page !

PLAN DE FORMATION 201N																	
SALARIÉ							FORMATION				COÛT						
Nom	Prénom	Fonction	Sexe		Catégorie		Intitulé	Organisme	Durée		Coût pédagogique HT	Hébergement HT	Transport HT	Repas HT	Salaire	TVA	Coût total TTC
			H	F	Emp.	Cadre			Jours	Heures							

FEUILLE « FORMATIONS PLURIANNUELLES »
Dans le groupe Formation, modifier le sous-groupe Durée : mettre plutôt Durée par année avec 3 colonnes : année, nombre de jours, nombre d'heures (une ligne par année).
Prévoir également des lignes de total de durée et de coût par salarié.

Vérifier la validité et la qualité de présentation de votre travail en complétant les tableaux concernés.

MISSION 3

LE LANCEMENT DE L'ACTION DE FORMATION

Situations professionnelles	Complexités et aléas
1.1.1 Tenue des dossiers fournisseurs et sous-traitants 1.1.2 Traitement des ordres d'achat, des commandes 1.1.5 Gestion des règlements et traitement des litiges 2.1.3 Préparation et suivi des déplacements du personnel	– Sélections de modes de transport, de prestataires – Combinaison de différents modes de règlement : escompte au comptant, échelonnement – Réclamation de fournisseur ; Alea : Réclamation non fondée d'un fournisseur

La direction de Mr.Bricolage envisage trois types de formations :

- une formation sur les logiciels de bureautique pour actualiser les connaissances des salariés des services administratifs (50 salariés). Les salariés se déplaceraient pour suivre la formation dans les locaux du prestataire ;
- une formation courte, de type e-learning, réservée aux cadres, portant sur la gestion des équipes (10 salariés) ;
- une formation de technique de vente pour les vendeurs en rayon (60 salariés). Le contenu de la formation serait spécifique à Mr.Bricolage. La formation aurait lieu au siège social.

Mr.Bricolage souhaite s'adresser à un prestataire conseillé par un partenaire, Mondial Formation.

ACTIVITÉ 1 ›› CONSULTER UN CATALOGUE FOURNISSEUR

Situation 1.1.1

M. Lamarque vous demande d'aller sur le site de Mondial Formation et de vous renseigner sur :

- la possibilité de commander toutes les formations recherchées chez ce prestataire,
- le coût d'une action de formation,
- les contenus des formations adéquates que vous aurez trouvées.

Vous devrez présenter le résultat de vos recherches sous forme de note rédigée sur texteur afin de le présenter à M. Lamarque, accompagné des plans de cours imprimés.

ACTIVITÉ 2 » DEMANDER UN DEVIS

Situation 1.1.2

M. Lamarque vous charge de rédiger sur l'**Annexe 1** le mail (vous trouverez l'adresse électronique sur le site) dans lequel Mr.Bricolage demandera s'il est possible que la formation des cadres se fasse en e-learning et, le cas échéant, un devis qui comprenne cette dernière formation et celle sur les logiciels de bureautique.

Annexe 1

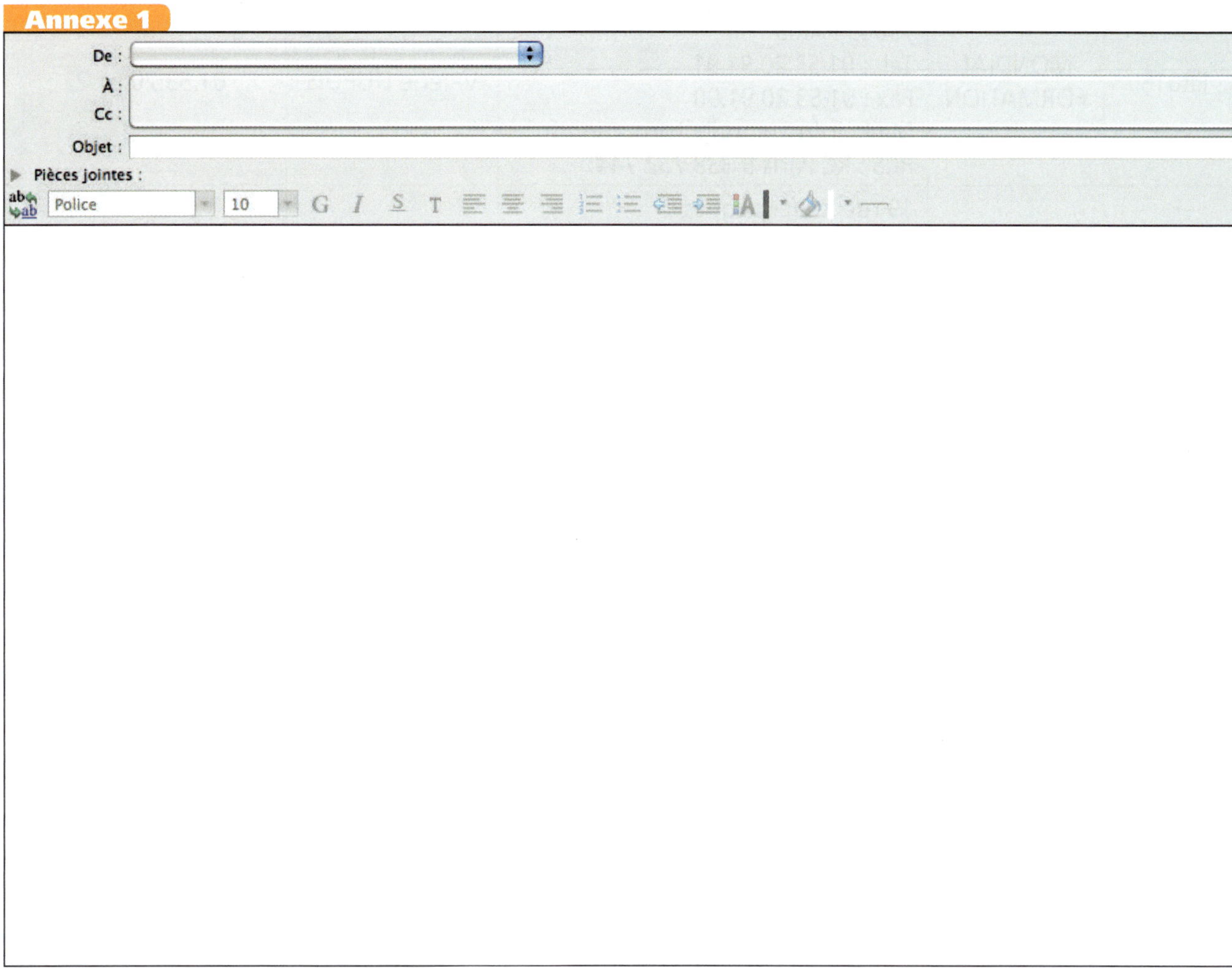

Mr.Bricolage a décidé de recourir à un fournisseur différent pour la formation sur les techniques de vente.

ACTIVITÉ 1 ›› METTRE À JOUR LE FICHIER FOURNISSEUR
Situation 1.1.1

M. Parmentier vous charge d'enregistrer les deux prestataires dans le fichier fournisseur.

Code	Nom	Coordonnées	Nom Contact	Coordonnées contact
FR018	MONDIAL FORMATION	53 rue de la Chaussée-d'Antin 75009 PARIS Tél. : 01.53.20.91.91 Fax : 01.53.20.91.90 Mail : info@mondialformation.fr RCS : RC Paris B 338 752 744	Valérie DUPUIS	01.53.20.91.22
FR019	FORMATIVE	19 rue René-Jacques 92798 ISSY-LES-MOULINEAUX Tél. : 01.55.00.90.00 Fax : 01.55.00.90.10 Mail : espace-client@formative.fr SIREN : 562 094 671	Salif DOSSO	01.55.00.90.30

ACTIVITÉ 2 ›› PRÉPARER LES DÉPLACEMENTS
Situation 2.1.3

Complexités : – Sélections de modes de transport, de prestataires.

En ce qui concerne la formation sur les logiciels de bureautique Mondial Formation a proposé une session sur mesure à Mr.Bricolage : les 50 salariés concernés seraient reçus sur 2 jours consécutifs, 1 jour pour la formation sur traitement de texte, 1 jour pour la formation sur tableur.

Les salariés se rendront à Paris en train. Ils devront donc passer la nuit en déplacement.

M. Lamarque vous demande de vous renseigner sur les coûts de déplacement, d'hébergement et de repas qu'il convient d'envisager. Pour cela, il vous laisse une note (Document 1).

DOCUMENT 1

Pouvez-vous me donner les horaires précis et le prix :
- d'un aller/retour ORLÉANS-PARIS (départ le 02/04 avant 8 h, retour le 03/04 après 18 h) ;
- d'une nuit d'hôtel dans le 9e arrondissement (il y a presque le même nombre de femmes et d'hommes, si cela coûte moins cher, on peut prévoir 2 personnes par chambre) ;
- d'un repas le soir dans le même quartier (choisissez une « Formule » sur la base de 25 € environ).

Laissez-moi le résultat de vos recherches sous forme de note (Annexe 1).

Merci

Annexe 1

ACTIVITÉ 1 ›› GÉRER LES RÈGLEMENTS

Situation 1.1.5

Complexités : – Combinaison de différents modes de règlement escompte au comptant, échelonnement

Vous recevez ce jour le devis de Formative, qui interviendra sur la formation destinée aux vendeurs. Le montant total HT est de 35 000 € (Formative déclare la TVA sur les encaissements).

Les conditions de vente sont les suivantes. Mr.Bricolage doit régler un acompte de 30 % à la commande, avec un droit à un escompte de 3 % sur cet acompte si son règlement intervient sous huitaine. Le solde devra être réglé après la formation.

M. Lamarque a négocié un échelonnement du solde en 3 règlements mensuels, les 2 premiers s'élevant à 9 000 €.

Il vous demande maintenant de :

- calculer le montant de l'acompte à verser (le règlement partira le lendemain),
- présenter à l'aide de votre tableur l'échelonnement de la dette (Document 1), dans lequel vous insérerez les formules nécessaires et que vous mettrez en forme.

Détail du calcul de l'acompte

Détail du calcul du solde

Document 1

MODÈLE DE TABLEAU D'ÉCHELONNEMENT D'UNE DETTE			
Date	**Montant restant dû**	**Montant du règlement**	**Dont TVA déductible**
01/02/201N			
Total			

ACTIVITÉ 2 ›› SUIVRE UN LITIGE

Situation 1.1.5

Complexité : Réclamation de fournisseur ; Aléa : Réclamation non fondée d'un fournisseur

Le 10 mars, Formative nous signale un retard dans le paiement de la 2e échéance. M. Lamarque vérifie sur le compte bancaire de Mr.Bricolage et trouve la trace du débit de la somme, en date du 2 février.

Il vous demande de téléphoner à notre contact chez Formative pour lui confirmer notre règlement et connaître l'origine du malentendu. Il met à votre disposition une fiche de préparation d'appel téléphonique (Annexe 1).

Annexe 1

Entreprise : .... Personne à contacter : .... Service :	Téléphone : __ __ __ __ __ Date de l'appel : __ / __ / ____
Objet de l'appel :	
PLAN DE L'APPEL TÉLÉPHONIQUE	
....	

Grâce à votre appel, votre contact a retrouvé et corrigé l'erreur, qui s'est produite chez Formative : le règlement du 1er février a été imputé à un autre client. Vous rédigez à l'attention de M. Lamarque une courte note pour lui expliquer ce qui s'est passé (Annexe 2).

Annexe 2

MISSION 4

LA PRÉPARATION DES DÉCLARATIONS SOCIALES

SITUATION PROFESSIONNELLE 2.3.2

Correspondances savoirs économiques et juridiques
▸ Les cotisations sociales ▸ Les déclarations sociales ▸ Les contrôles de l'administration fiscale et sociale ▸ Les différents statuts et contrats des salariés

FICHE SAVOIR 1

FICHE OUTIL 1

ACTIVITÉ 1 ›› ANALYSER LE FONCTIONNEMENT DES COTISATIONS SOCIALES

Situation 2.3.2

Comme chaque début de mois, le Service ressources humaines s'occupe des déclarations sociales auprès des organismes collecteurs.

M. Lamarque souhaite vous familiariser avec les procédures de déclarations sociales et vous soumet un extrait d'un bulletin de paie du mois d'août afin que vous l'analysiez (Document 1).

Document 1

Code rubrique	Libellé	Base	Taux Sal.	Montant Sal.	Taux Pat.	Montant Pat.
GMENS	Salaire de base	151,67	11,21	1 700,00		
	Total Brut SS			1 700,00		
COTMALAD	SS Maladie	1 700,00	0,75	12,75	12,80	217,60
COTVIEILTA	SS Vieillesse TA	1 700,00	6,65	113,05	8,30	141,10
COTVIEILTOT	SS Vieillesse/Veuvage totalité	1 700,00	0,10	1,70	1,60	27,20
COTAF	SS Allocations familiales	1 700,00			5,40	91,80
COTCSA	SS CSA	1 700,00			0,30	5,10
COTAT	SS Accident du travail	1 700,00			2,50	42,50
COTFNAL	SS FNAL TA toute entreprise	1 700,00			0,10	1,70
COT671	Réduction FILLON (régularisation progressive)					– 248,03
COTCHOMAGE	Assurance chômage	1 700,00	2,40	40,80	4,00	68,00
COTCHOMAGS	AGS	1 700,00			0,30	5,10
COTAGFFT1	ARRCO AGFF Non Cadre T1	1 700,00	0,80	13,60	1,20	20,40
COTRT1	ARRCO Retraite Non Cadre T1	1 700,00	3,00	51,00	4,50	76,50
COTCSG	SS CSG déductible	1 670,25	5,10	85,18		
COTCSG1	SS CSG non déductible	1 670,25	2,40	40.09		
COTCRDS	SS CRDS non déductible	1 670,25	0,50	8,35		
	Cotisations salariales			366,52		
	Cotisations patronales					448,97
	Net imposable			1 381,92		
	Net à payer			1 333,48		
				Net à payer	1 333,48 EUR	

Il vous pose quelques questions :

- Quel est le montant du salaire négocié lors de l'embauche ?

....

- Quel est le montant qui sera versé au salarié ?

....

- Comment s'explique la différence entre les deux montants ?

....

....

....

Il vous demande maintenant de faire une recherche sur le site www.service-public.fr (onglet Professionnels puis Ressources humaines) et de lui présenter, en quelques lignes, une note dans laquelle vous expliquerez :

- à quoi servent les cotisations sociales ;
- si elles sont obligatoires ;
- qui les paie ;
- qui les verse aux organismes ;
- à quelle périodicité Mr.Bricolage doit s'acquitter de leur versement ;
- quels sont les principaux organismes collecteurs et quels types de cotisations leur sont adressés.

ACTIVITÉ 2 Situation 2.3.2 RAPPROCHER UN DOCUMENT ISSU DU PGI, MODULE PAYE, D'UN BORDEREAU CORRESPONDANT À LA MÊME PÉRIODE DE PAIE

M. Lamarque vous demande maintenant de retrouver sur le bordereau de déclaration de cotisations URSSAF (Document 2) les éléments figurant sur l'état des charges de l'entreprise (Document 3).

Document 2

BORDEREAU DE DÉCLARATION DE COTISATIONS URSSAF

Date d'exigibilité : 15/09/201N

Cette déclaration concerne :

Mr.BRICOLAGE
1 avenue Montaigne
45000 ORLÉANS

N° SIRET : 34803347300037

Votre URSSAF :

URSSAF Loiret
Place du Général de Gaulle
45955 ORLÉANS CEDEX 9

Nombre de salariés ou d'assurés rémunérés dans l'établissement concernés par la déclaration pour la période	19
Nombre de salariés concernés par la déclaration au dernier jour de la période	19

Libellé de la cotisation		Nombre de salariés ou d'assurés	Base en euros	Taux (%)	Montant en euros
100A	Rg cas général – accident du travail	19	54 030	2,50	1 351
100D	Rg cas général – base déplafonnée	19	54 030	20,95	11 320
100P	Rg cas général – base plafonnée	19	45 985	14,95	6 875
260D	CSG-CRDS régime général – base déplafonnée	19	53 419	8,00	4 274
332P	FNAL cas général – base plafonnée	19	45 985	0,10	46
671P	Réduction Fillon – base plafonnée	9	1 466	100,00	– 1 466
772D	Contributions assurance chômage – base déplafonnée	19	54 030	6,40	3 458
937D	Contributions AGS cas général – base déplafonnée	19	54 030	0,30	162
				Total des cotisations	**26 020**
				Déductions	**0**
				Total à payer	**26 020**

Document 3

État des charges de l'entreprise

Période de paye : de août 201N à août 201N

Libellé	Base	Taux sal.	Montant salarial	Base pat. (différente)	Taux pat.	Montant patronal	Total montant	Effectif H	Effectif F	Effectif Tot.
AGIRC			**Organisme collecteur : MEDERIC MALAKOFF**							
COTAGFFTB - AGIRC AGFF Cadre TB	8 114,00	0,900	73,02		1,300	105,50	178,52	3	3	6
COTAPECTB - AGIRC APEC Cadre TB	8 114,00	0,024	1,95		0,036	2,91	4,86	3	3	6
COTCET - AGIRC CET Cadre	26 300,00	0,130	34,19		0,220	57,86	92,05	3	3	6
COTRTGMP - AGIRC Retraite Cadre GMP	247,22	7,700	19,04		12,600	31,15	50,19	0	1	1
COTRTB - AGIRC Retraite Cadre TB	8 114,00	7,700	624,76		12,600	1 022,34	1 647,10	3	3	6
Total AGIRC			**752,96**			**1 219,76**	**1 972,72**			
ARRCO Cadre										
COTAGFFTA - ARRCO AGFF Cadre TA	18 186,00	0,800	145,50		1,200	218,22	363,72	3	3	6
COTAPEC - ARRCO APEC Cadre TA	18 186,00	0,024	4,38		0,036	6,54	10,92	3	3	6
COTRTA - ARRCO Retraite Cadre TA	18 186,00	3,000	545,58		4,500	818,40	1 363,98	3	3	6
Total ARRCO Cadre			**695,46**			**1 043,16**	**1 738,62**			
ARRCO Non Cadre										
COTAGFFT1 - ARRCO AGFF Non Cadre T1	27 730,00	0,800	221,84		1,200	332,76	554,60	6	7	13
COTRT1 - ARRCO Retraite Non Cadre T1	27 730,00	3,000	831,90		4,500	1 247,85	2 079,75	6	7	13
Total ARRCO Non Cadre			**1 053,74**			**1 580,61**	**2 634,35**			
Prévoyance			**Organisme collecteur : CHORUM**							
COTPREVTA - Prévoyance Cadre TA	18 186,00				1,500	272,82	272,82	3	3	6
COTPREVTB - Prévoyance Cadre TB	8 114,00				0,760	61,64	61,64	3	3	6
Total Prévoyance						**334,46**	**334,46**			
Pôle emploi			**Organisme collecteur : URSSAF**							
COTCHOMAGS - AGS	54 030,00				0,300	162,09	162,09	9	10	19
COTCHOMAGE - Assurance chômage	54 030,00	2,400	1 296,72		4,000	2 161,20	3 457,92	9	10	19
Total Pôle emploi			**1 296,72**			**2 323,29**	**3 620,01**			
URSSAF										
COT671 - Réduction FILLON (régularisation progressive)						– 1 465 ,70	– 1 465 ,70	4	5	9
COTAT - SS Accident du travail	54 030,00				2,500	1 350,75	1 350,75	9	10	19
COTAF - SS Allocations familiales	54 030,00				5,400	2 917,62	2 917,62	9	10	19
COTCRDS - SS CRDS non déductible	53 413,08	0,500	267,06				267,06	9	10	19
COTCSA - SS CSA	54 030,00				0,300	162,09	162,09	9	10	19
COTCSG - SS CSG déductible	53 418,94	5,100	2 724,37				2 724,37	9	10	19
COTCSG1 - SS CSG non déductible	53 418,94	2,400	1 282,05				1 282,05	9	10	19
COTFNAL - SS FNAL TA toute entreprise	45 985,00				0,100	45,98	45,98	9	10	19
COTMALAD - SS Maladie	54 030,00	0,750	405,24		12,800	6 915,84	7 321,08	9	10	19
COTVIEILTA - SS Vieillesse TA	45 985,00	6,650	3 058,01		8,300	3 816,74	6 874,75	9	10	19
COTVIEILTOT - SS Vieillesse/Veuvage totalité	54 030,00	0,100	54,03		1,600	864,48	918,51	9	10	19
Total URSSAF			**7 790,76**			**14 607,80**	**22 398,56**			
Total général			**11 589,64**			**21 109,08**	**32 698,72**			

M. Lamarque vous donne quelques précisions (Document 4).

DOCUMENT 4

– L'URSSAF regroupe sur une même ligne les déclarations de même type dont la base est la même : maladie, veuvage, solidarité, allocations familiales, par exemple.
– Les regroupements dépendent en grande partie de la base de calcul (plafonnée ou non).
– La base CSG se calcule comme suit :
[(Base générale déplafonnée × 98,25 %)
+ cotisation patronale de prévoyance].

Il vous demande maintenant de lui expliquer à quoi correspond :

- La base en euros des cotisations d'accident du travail, d'allocations familiales... ?

....

....

....

Et de justifier les calculs suivants :

- Montant du taux de la cotisation 100D RG CAS GÉNÉRAL – BASE DÉPLAFONNÉE

....

....

- Base CSG

....

....

- Montant en euros de la cotisation 772D CONTRIBUTION ASSURANCE CHÔMAGE – BASE DÉPLAFONNÉE

....

....

ACTIVITÉ 3 » REMPLIR UN BORDEREAU DE DÉCLARATION

Situation 2.3.2

M. Lamarque vous demande maintenant de remplir le bordereau de déclaration de cotisations de retraite complémentaire pour la même période (Annexe 1).

Annexe 1

BORDEREAU DE DÉCLARATION DE COTISATIONS DE RETRAITE COMPLÉMENTAIRE

Date limite de déclaration : ....

Cette déclaration concerne :

Mr.BRICOLAGE
1 avenue Montaigne
45000 ORLÉANS

N° SIRET : 34803347300037

Votre institution :

MALAKOFF MEDERIC
21 rue Laffitte
45000 ORLÉANS

Votre interlocuteur : DURAND Gérard

Libellé de la cotisation	Nombre de salariés ou d'assurés	Taux (%)/ Forfait en euros	Base en euros/ Quantité	Montant en euros
ARRCO Cadres TA		7,50		
AGFF Cadres TA		2,00		
APEC Cadres TA		0,06		
AGIRC Cadres TB		20,30		
APEC Cadres TB		0,06		
AGIRC Cadres CET		0,35		
AGFF Cadres TB		2,20		
AGIRC Cadres GMP		20,30		
ARRCO Non Cadres TA		7,50		
ARRCO Non Cadres TB		20,30		
AGFF Non Cadres TA		2,00		
AGFF Non Cadres TB		2,20		
			Total des cotisations	
			Régularisation	
			Total à payer	

ACTIVITÉ 4 » EXTRAIRE LES INFORMATIONS SOCIALES DU PGI ET PRÉPARER LES DÉCLARATIONS

Situation 2.3.2

À l'aide de la Fiche outil n° 1, éditez l'état des charges pour le mois de septembre 201N et préparez les bordereaux de déclaration de cotisations URSSAF et de cotisations de prévoyance pour ce mois (Annexes 2 et 3).

Annexe 2

BORDEREAU DE DÉCLARATION DE COTISATIONS URSSAF

Date d'exigibilité : 15/10/201N

Cette déclaration concerne :

Mr.BRICOLAGE
1 avenue Montaigne
45000 ORLÉANS

N° SIRET : 34803347300037

Votre URSSAF :

URSSAF Loiret
Place du Général de Gaulle
45955 ORLÉANS CEDEX 9

Nombre de salariés ou d'assurés rémunérés dans l'établissement concernés par la déclaration pour la période	
Nombre de salariés concernés par la déclaration au dernier jour de la période	

Libellé de la cotisation		Nombre de salariés ou d'assurés	Base en euros	Taux (%)	Montant en euros
100A	Rg cas général – accident du travail			2,50	
100D	Rg cas général – base déplafonnée			20,95	
100P	Rg cas général – base plafonnée			14,95	
260D	CSG-CRDS régime général – base déplafonnée			8,00	
332P	FNAL cas général – base plafonnée			0,10	
671P	Réduction Fillon – base plafonnée			100,00	
772D	Contributions assurance chômage – base déplafonnée			6,40	
937D	Contributions AGS cas général – base déplafonnée			0,30	
				Total des cotisations	
				Déductions	
				Total à payer	

Annexe 3

BORDEREAU DE DÉCLARATION DE COTISATIONS DE PRÉVOYANCE

Date limite de déclaration : ....

Cette déclaration concerne :

Mr.BRICOLAGE
1 avenue Montaigne
45000 ORLÉANS

N° SIRET : 34803347300037

Votre institution :

CHORUM PRÉVOYANCE
56 à 60 rue Nationale
45000 ORLÉANS

Votre interlocuteur : BERTIGNAC Josiane

Libellé de la cotisation	Nombre de salariés ou d'assurés	Taux (%)/ Forfait en euros	Base en euros/ Quantité	Montant en euros
ARRCO Cadres TA				
AGFF Cadres TA				
APEC Cadres TA				
AGIRC Cadres TB				
			Total des cotisations	
			Régularisation	
			Total à payer	

FICHE SAVOIR

LES COTISATIONS SOCIALES 1

La protection sociale française a vocation à protéger les citoyens contre les aléas de la vie :

- La maladie

- La maternité

- Le chômage

- La retraite

Les cotisations sociales sont réparties entre les salariés (cotisations salariales) et les employeurs (cotisations patronales).
Elles sont calculées à partir du salaire brut (salaire de base + heures supplémentaires + primes + avantages en nature – absences non rémunérées). **Elles doivent obligatoirement figurer sur la fiche de paye du salarié.**

› La base des cotisations sociales peut varier en fonction des tranches de cotisations.
La base de certaines cotisations versées à l'URSSAF est limitée au plafond de la sécurité sociale, réévalué chaque année en même temps que le **SMIC**.
La base CSG comprend le salaire brut × 98,25 % auquel on ajoute les cotisations patronales de prévoyance.
La base des cotisations d'assurance chômage est limitée à 4 fois le plafond de la sécurité sociale.
Les cotisations de retraite complémentaire prévoient des taux différents en fonction du statut du salarié et des tranches de cotisations (entre 0 € et 3 fois le plafond, entre 3 fois et 8 fois le plafond...).

› Les cotisations sociales sont versées à plusieurs organismes.
Les unions de recouvrement des cotisations de sécurité sociale et d'allocations familiales (URSSAF), collectent les cotisations suivantes :

- Maladie et maternité ;
- Vieillesse ;
- Solidarité ;
- Accident du travail ;
- Fonds national d'aide au logement ;
- Contribution sociale généralisée (CSG) ;
- Contribution au remboursement de la dette sociale (CRDS) ;
- Assurance chômage ;
- Fonds de garantie des salaires (AGS ou FNGS).

Les Caisses de retraite complémentaire collectent les cotisations obligatoires de retraite complémentaire :

- Association pour le régime de retraite complémentaire des salariés (ARRCO) ;
- Association générale des institutions de retraite des cadres (AGIRC).

Enfin, les cotisations sociales de prévoyance peuvent être prévues par les conventions collectives, accords de branche ou accords d'entreprise applicables à l'organisation. Elles dépendent parfois du statut du salarié (cadre ou non cadre).

› L'organisation verse les cotisations sociales :

- Tous les trimestres pour les cotisations de retraite complémentaire ou de prévoyance ;
- Tous les trimestres à l'URSSAF si son effectif est < 11, tous les mois dans le cas contraire.

ÉDITER UN ÉTAT DES CHARGES

1

- Dans le PGI, sélectionnez le module « Paye » :

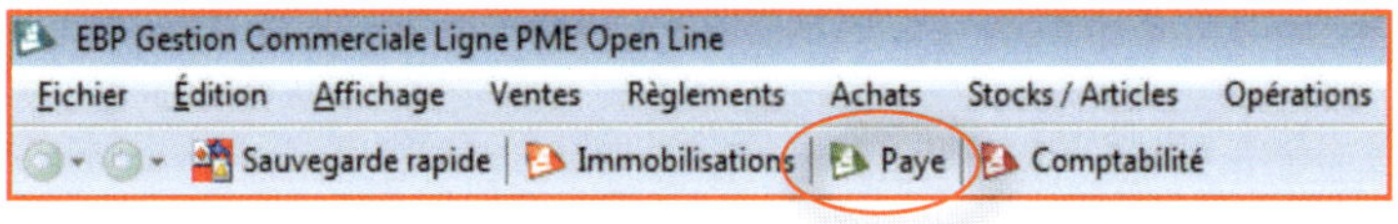

- Sélectionner l'onglet « Établissements »
- Puis « Impressions »
- Puis « États de paye »
- Puis « État des charges »

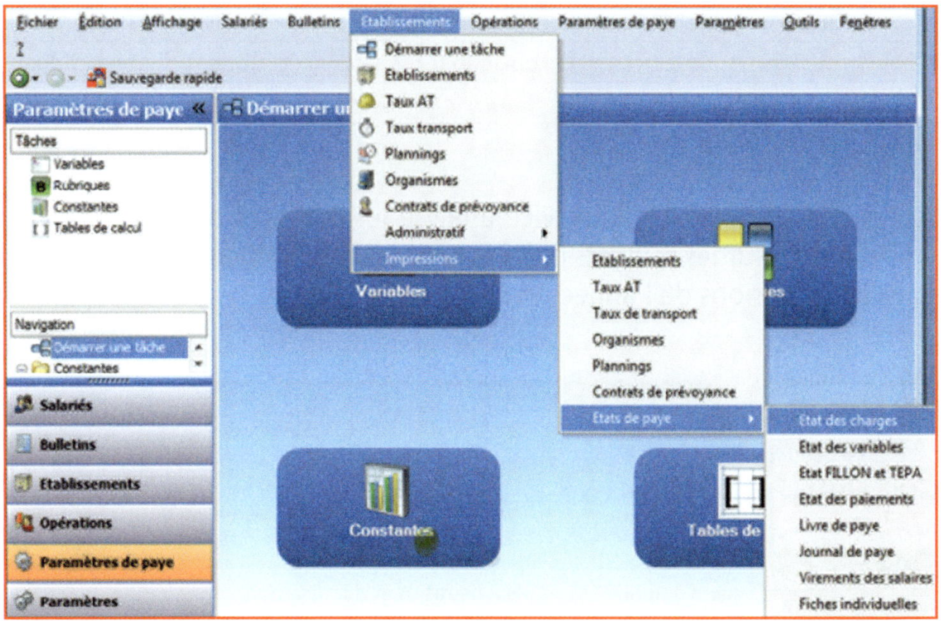

- Dans la fenêtre qui s'ouvre, renseigner les champs : Établissements, Salariés, Périodes de paye et Organismes.

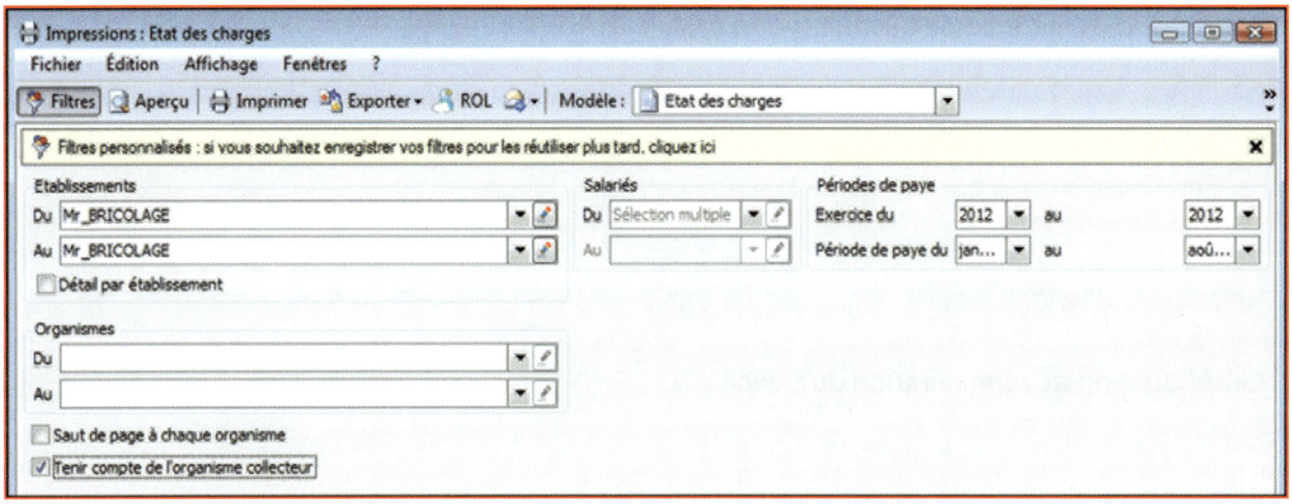

- Puis cliquer sur Aperçu pour une sortie écran ou sur Imprimer.

MISSION 5

LA PRÉPARATION DU BUDGET DU PERSONNEL

SITUATION PROFESSIONNELLE 2.3.3

Situations professionnelles	Complexité
2.3.3 Participation à la préparation et au suivi budgétaire 3.1.2 Production d'informations structurées 3.3.4 Participation au suivi du budget de fonctionnement du service	– Calcul de ratios et d'indicateurs – Document intégrant des calculs, des graphiques et des tableaux élaborés – Affectation analytique des charges – Révision du budget
Correspondances savoirs économiques et juridiques	
▸ Les données sociales	

Après chaque exercice, le service analyse les comptes annuels, établit des comparaisons entre les coûts inscrits sur les budgets prévisionnels et ceux qui apparaissent au compte de résultat et corrige ainsi les prévisions de l'année en cours.

FICHE SAVOIR 2
FICHES OUTIL 2, 3 ET 4

ACTIVITÉ 1 ›› CALCULER LES RATIOS DE RÉMUNÉRATION ET DE PRODUCTIVITÉ DU TRAVAIL

Situations 2.3.3 - 3.1.2

Complexités : – Calcul de ratios et d'indicateurs
– Document intégrant des calculs, des graphiques et des tableaux élaborés

M. Lamarque vous soumet un compte de résultat de Mr.Bricolage pour l'année écoulée (Document 1). Il vous demande de calculer la valeur ajoutée de l'année (Fiche savoir n° 1), puis les ratios de rémunération du travail et de productivité du travail.

Calcul de la valeur ajoutée (justifiez votre calcul)

Calcul du ratio de rémunération du travail

Calcul du ratio de productivité du travail

DOCUMENT 1

COMPTE DE RÉSULTAT 201N SIMPLIFIÉ		
SOCIÉTÉ MR.BRICOLAGE SA	**Comptes sociaux au 31/12/201N**	
Compte de résultat	En milliers d'euros	
	31/12/201N	**31/12/201N-1**
Chiffre d'affaires	105 099	196 995
Production stockée et immobilisée	135	316
Subventions	60	78
Reprises de prov. dépréc. & transfert de charges	4 344	4 832
Autres produits	58	225
Produits d'exploitation	**109 697**	**202 445**
Achats de marchandises	2 671	82 929
Variations des stocks de marchandises	939	(800)
Achats de matières premières	6 823	7 121
Autres achats et charges externes*	42 864	50 828
Impôts, taxes et versements assimilés	1 808	1 949
Salaires et traitements	13 900	14 007
Charges sociales	6 878	6 844
Dotations aux amortissements	2 113	2 356
Dotations aux provisions et dépréciations	1 546	4 507
Autres charges	682	1 905
Charges d'exploitation	**80 225**	**171 647**
Résultat d'exploitation	**29 472**	**30 798**
Produits financiers	**4 342**	**3 278**
Charges financières	**10 879**	**16 081**
Résultat financier	**(6 537)**	**(12 803)**
Résultat courant avant impôts	**22 935**	**17 995**
Produits exceptionnels	**859**	**6956**
Charges exceptionnelles	**2 850**	**6 874**
Résultat exceptionnel	**(1 991)**	**82**
RÉSULTAT DE L'EXERCICE	**16 869**	**16 630**

* Dont, en N, frais de formation : 150, frais de personnel intérimaire : 569, frais de déplacements : 618.

ACTIVITÉ 1 ›› CALCULER ET JUSTIFIER LES ÉCARTS ENTRE BUDGETS PRÉVISIONNELS ET BUDGETS RÉELS

Situation 3.1.2

Complexité : Document intégrant des calculs, des graphiques et des tableaux élaborés

M. Lamarque souhaite vous confier un travail d'analyse sur les budgets N-1. Pour cela, il vous laisse une note (**Document 1**).

Document 1

✓ Dans le module « Paye » du PGI, à l'aide de la Fiche outil n° 2, vous devrez éditer une liste des salariés qui affiche les colonnes suivantes : Civilité (description), Nom, Prénom, Service, Salaire mensuel, Nom du profil. Exportez cette liste sous Excel. Sauvegardez le fichier sous le titre « Liste salariés ».

✓ Ouvrez ce classeur Excel et mettez en forme la feuille de calcul (ajustement des largeurs de colonnes, suppression des mentions inutiles contenues dans les titres de colonne...).

✓ Rajoutez les colonnes suivantes à droite : Salaire annuel, Salaire annuel prévisionnel, Variation, Variation en pourcentage et Justification. Vous y recopierez les données du Document 3, et vous insérerez les formules de calcul nécessaires.

✓ Triez cette liste par ordre alphabétique.

✓ À l'aide de la Fiche outil n° 3, insérez un tableau croisé dynamique qui analyse les variations constatées en fonction des profils, variations, pourcentages de variation et justifications sur une nouvelle feuille que vous renommerez « Analyse par profil ».

✓ Faites le même travail avec les civilités à la place des profils sur une nouvelle feuille, « Analyse par sexe ».

✓ Mettez en forme et éditez les trois feuilles (1 exemplaire de la « Liste salariés » avec les formules apparentes).

✓ Accompagnez ce travail d'une note rédigée sur texteur qui analyse les résultats obtenus.

Merci.

Document 2

Nom	Prénom	Salaire mensuel	Salaire annuel prévisionnel	Salaire annuel réel	Justification
LEMESNIL	Julien	6 000,00	72 000,00	75 000,00	Prime
ADJIMANN	Roseline	4 500,00	54 000,00	54 000,00	
BOBIN	Justine	2 850,00	34 200,00	33 500,00	Absence
POMMIER	Maud	2 100,00	25 200,00	28 000,00	Prime
DURAND	Mélanie	2 000,00	24 000,00	24 000,00	Heures supplémentaires
PORTIER	Laurianne	3 600,00	43 200,00	43 200,00	
MELBOURG	Eugénie	1 900,00	22 800,00	22 800,00	
FAVEREAU	Didier	3 600,00	43 200,00	42 000,00	Absence
ELBA	Myriam	3 100,00	37 200,00	37 200,00	
COUMBA	Alimatou	2 300,00	27 600,00	28 300,00	Heures supplémentaires
TRAORÉ	Idriss	1 700,00	20 400,00	20 400,00	
DEMAISON	Eric	2 740,00	32 880,00	32 880,00	
BESSEY	Micheline	1 700,00	20 400,00	22 000,00	Prime
REYES	Isabelle	2 100,00	25 200,00	25 200,00	
DESROCHES	Lou	1 700,00	20 400,00	21 600,00	Heures supplémentaires
PARMENTIER	François	2 900,00	34 800,00	37 000,00	Prime
CISSE	Hawa	1 950,00	23 400,00	23 400,00	
MUSSET	Henri	2 000,00	24 000,00	22 900,00	Absence
KOURSY	Mélissa	1 890,00	22 680,00	22 680,00	
TOTAUX					

ACTIVITÉ 1 » CALCULER L'AUGMENTATION DES SALAIRES SELON DEUX MÉTHODES

Situation 3.1.2

Complexité : Document intégrant des calculs, des graphiques et des tableaux élaborés

On considère que la rémunération de décembre N (voir le Document 2 page précédente, Salaire mensuel) donne la rémunération de base. Le salaire annuel N correspond au salaire de décembre × 12.

Deux systèmes d'augmentation doivent être envisagés :
- une augmentation en janvier N+1 de l'ensemble des rémunérations pour l'année, en appliquant un taux de 1,5 % ;
- une augmentation en deux temps : 0,8 % en janvier, et 0,9 % en juillet (la 2e augmentation est calculée sur le salaire déjà partiellement augmenté).

M. Lamarque vous a laissé une note (Document 3).

Document 3

✓ Sur Excel, reproduisez et complétez les tableaux suivants (Annexes 1 et 2) avec les données dont vous disposez et les formules que vous insérerez.

✓ Vous mettrez votre travail en forme (titres des tableaux, présentation, pied de page avec vos nom et prénom, date...) et l'éditerez (dont un exemplaire avec les formules apparentes).

✓ Vous devrez protéger les cellules contenant les formules. Vous enregistrerez votre classeur comme modèle.

✓ Comparez les deux solutions et joignez à votre travail une note explicative, rédigée sur texteur.

Merci.

Annexe 1

Feuille 1 - Augmentation annuelle

Nom salarié	Salaire annuel N	Salaire décembre N	Taux augmentation appliqué	Salaire mensuel augmenté	Salaires annuel augmenté
Totaux					

Annexe 2

Feuille 2 - Augmentation en deux temps

Nom salarié	Salaire de référence	Salaire annuel N	Taux 1	Salaire janvier N+1	Taux 2	Salaire juillet N+1	Salaire annuel augmenté	Taux annuel d'augmentation
Totaux								

ACTIVITÉ 2 ›› CONTRÔLER L'ÉVOLUTION DE LA MASSE SALARIALE EN N+1

Situations 2.3.3 - 3.3.4

Complexités : – Affectation analytique des charges
– Révision du budget

Dans sa comptabilité analytique, de façon à connaître précisément le coût de son personnel, la direction de Mr.Bricolage rattache au coût du travail les dépenses en personnel intérimaire (remplacement d'absences pour maladie et maternité, congés payés), les dépenses en frais de déplacement et les dépenses en frais de formation.

M. Lamarque doit présenter en réunion les chiffres de la masse salariale prévisionnelle. Il cherche les solutions qui lui permettraient de modérer le taux prévisionnel d'augmentation de ce poste.

Sur tableur, reproduisez le tableau ci-dessous (Document 4). Insérez une formule pour le calcul du taux prévisionnel d'augmentation, et à l'aide de la fiche outil n° 4, proposez une synthèse des scénarios suivants :

– Baisse des frais de personnel intérimaire : 550
– Stabilisation des frais de déplacement : 618
– Révision de l'augmentation des salaires : 14 250

Document 4

MS N	13 900
Charges sociales	6 878
Personnel intérimaire	569
Frais de déplacements	618
Frais de formation	150
TOTAL	**22 115**
MS N+1 Prévisionnelle	15 000
Charges sociales	7 500
Personnel intérimaire	600
Frais de déplacements	625
TOTAL PREVISIONNEL	**23 725**
TAUX prévisionnel	

FICHE SAVOIR

LES CALCULS D'INDICATEURS ET DE RATIOS 2

À la fin d'un exercice complet, l'entreprise élabore des documents de synthèse, le compte de résultat, le bilan et les annexes de celui-ci.

Le compte de résultat reprend l'ensemble des charges et des produits de l'année selon leur origine : charges ou produits d'exploitation, charges ou produits financiers, charges ou produits exceptionnels.

Le bilan présente, à une date donnée, l'état du patrimoine de l'entreprise : ses possessions, ses dettes, ses créances à recouvrer… Les annexes donnent des informations complémentaires sur les éléments du compte de résultat et du bilan.

L'analyse de ces documents permet de connaître les forces et les faiblesses d'une entreprise.
Pour les managers, il s'agit d'un outil de gestion indispensable.
C'est en effet en surveillant les tendances du passé immédiat qu'on peut établir des prévisions fiables.

Quelques indicateurs

Produits à totaliser	Charges à déduire	= Indicateur
Ventes de marchandises	Coût d'achat des marchandises vendues	Marge commerciale
Production vendue Production stockée Production immobilisée		Production de l'exercice
Marge commerciale Production de l'exercice	Achats de matières premières et d'approvisionnements Autres achats et charges externes	Valeur ajoutée
Valeur ajoutée Subventions d'exploitation	Impôts et taxes Charges de personnel	Excédent brut d'exploitation

En comptabilité nationale, la somme des valeurs ajoutées des entreprises donne le produit intérieur brut (PIB). La valeur ajoutée sert aussi de base au calcul de la taxe sur la valeur ajoutée (TVA).

Quelques ratios

Nom	Numérateur	Dénominateur	Mesure
Marge brute d'exploitation	Excédent brut d'exploitation	Chiffre d'affaires	La rentabilité brute d'exploitation
Productivité du travail	Valeur ajoutée	Nombre d'employés	La productivité des employés
Productivité du capital	Valeur ajoutée	Total du bilan	La productivité des capitaux investis
Rémunération du travail	Salaires et charges de personnel	Valeur ajoutée	Part de la valeur ajoutée attribuée aux employés
Rendement des capitaux propres	Résultat net	Capitaux propres	Rentabilité des capitaux investis

EXPORTER UNE LISTE DU PGI VERS EXCEL

2

- Dans la barre d'outil du module PAYE du PGI, cliquer sur « Modifier les vues ».
- Puis sur «Ajouter».

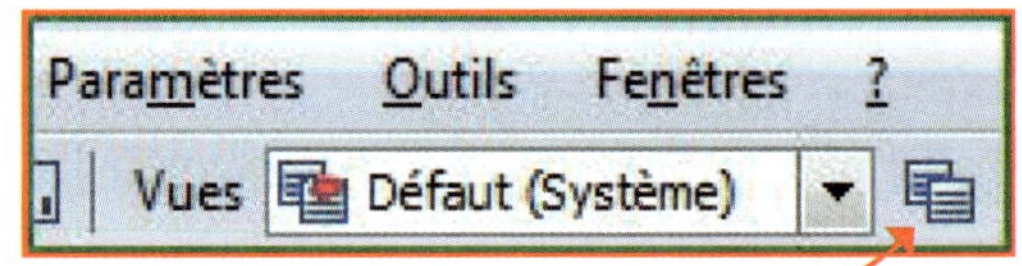

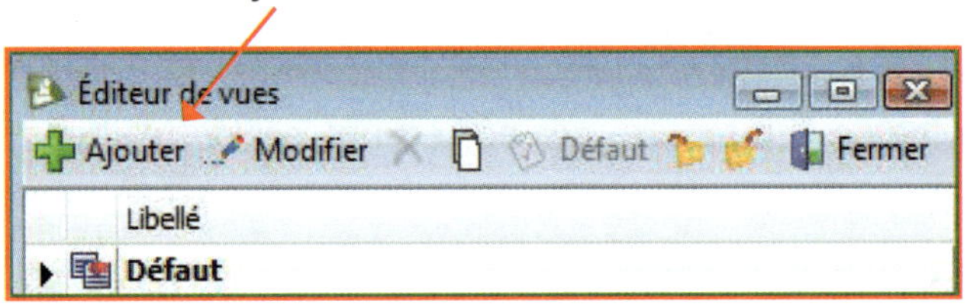

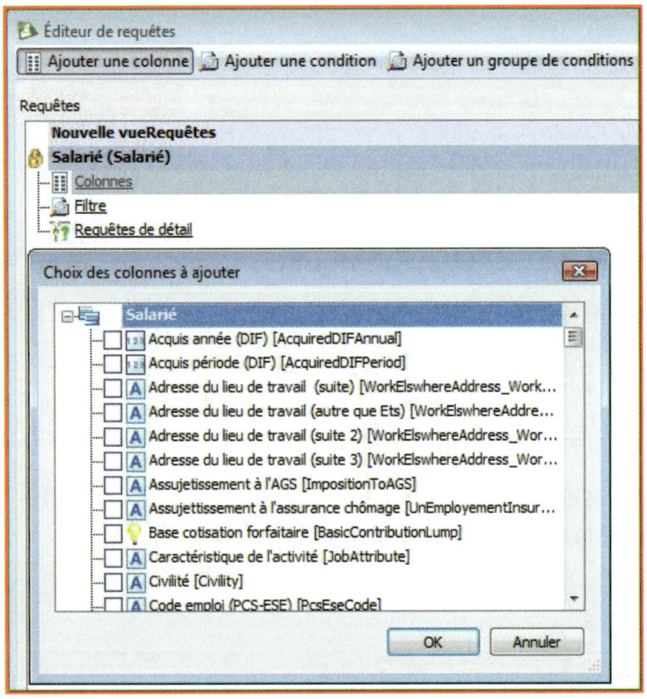

- Cliquer sur «Ajouter une colonne».
- Sélectionner dans les différents groupes disponibles (Salariés, Bulletins…) les colonnes que vous souhaitez.
  Ici :
  ✓ dans le groupe Salarié : Nom, Prénom, Salaire mensuel
  ✓ dans le groupe Bulletins : Nom du profil
- Cliquer sur OK.
- À droite de la fenêtre, changer le libellé de la vue.

- Dans la barre d'outils, sélectionner la nouvelle vue dans la liste déroulante.

- Cliquer ensuite sur Exporter (choisir Exporter tout dans la liste déroulante).

- Nommer le fichier et choisir l'emplacement de destination.
- Cliquer sur Enregistrer.

CRÉER UN TABLEAU CROISÉ DYNAMIQUE 3

- Sous l'onglet Insertion, dans le groupe Tableaux, cliquer sur Tableau croisé dynamique

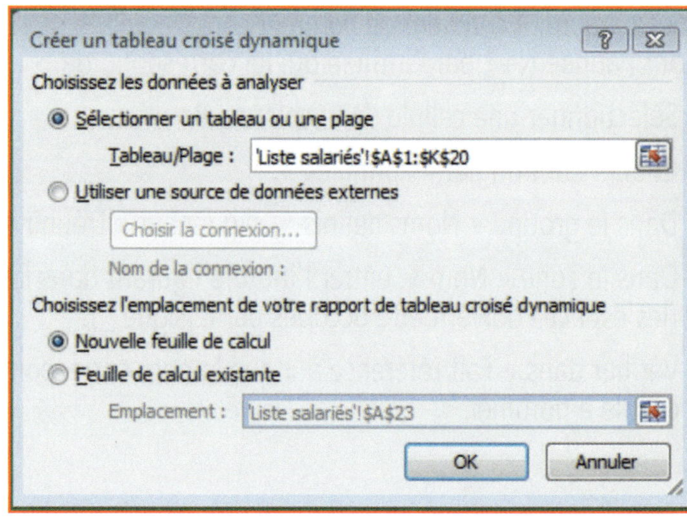

- Dans la fenêtre qui s'ouvre,

✓ Renseigner la plage à analyser : sélectionner la totalité de votre liste (titres des colonnes compris) à l'exception de la ligne Totaux.

✓ Cliquer sur Nouvelle feuille de calcul, puis sur OK.

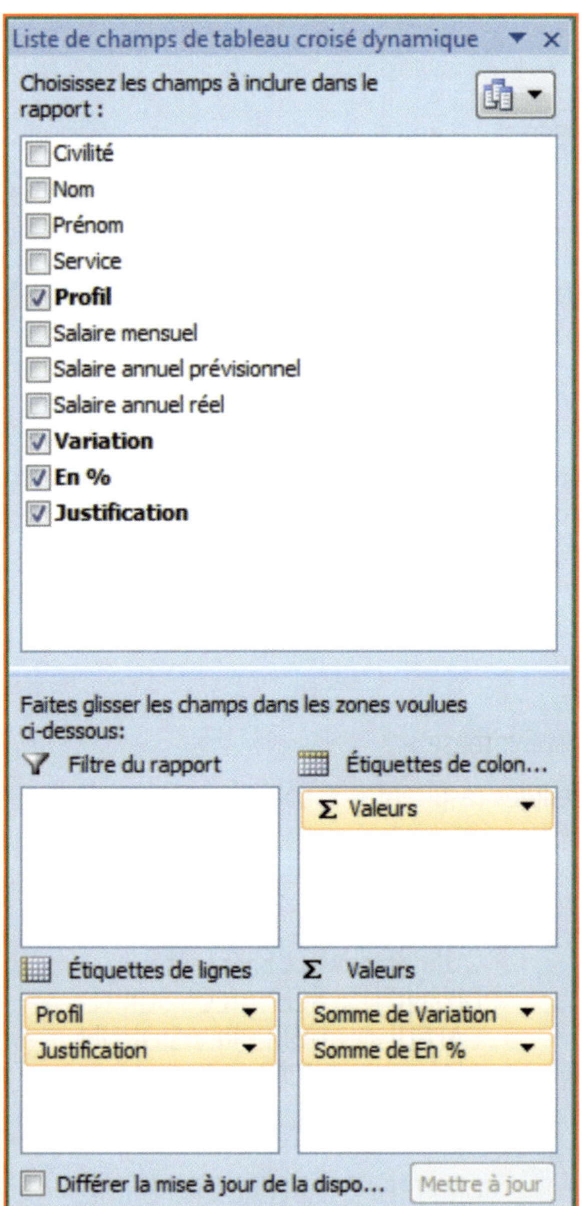

- Dans la partie droite de la nouvelle feuille, sélectionner les champs à inclure dans le tableau.

METTRE VOTRE NOUVEAU TABLEAU EN FORME (POURCENTAGES AU FORMAT POURCENTAGE AVEC 2 DÉCIMALES, ETC…).

FICHE OUTIL

UTILISER LE GESTIONNAIRE DE SCÉNARIOS

4

Tout d'abord, il convient de nommer chaque cellule de la colonne B pour l'année N+1 par l'intitulé qui lui correspond dans la colonne A.

- Sélectionner une cellule de la colonne B.
- Cliquer sur l'onglet « Formules ».
- Dans le groupe « Noms définis », cliquer sur « Définir un nom ».
- Dans la zone « Nom », entrer l'intitulé figurant dans la colonne A (les espaces doivent être occupés par le signe _).
- Vérifier dans « Fait référence à » que le nom correspond bien à la cellule à nommer.

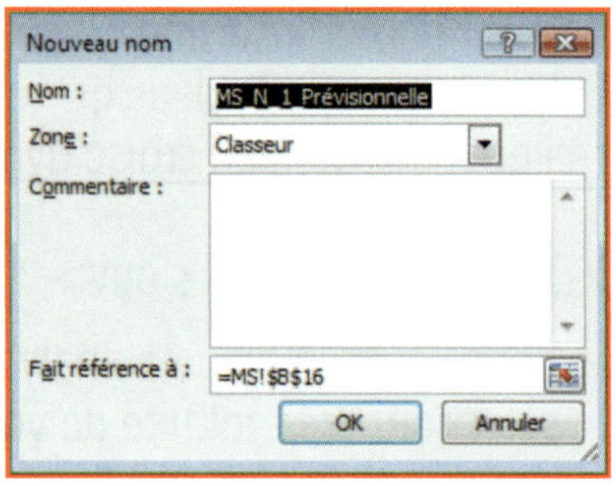

- Sous l'onglet « Données », dans le groupe « Outils de données », cliquer sur « Analyse de scénarios » puis « Gestionnaire de scénarios ».
- Cliquer sur « Ajouter ».

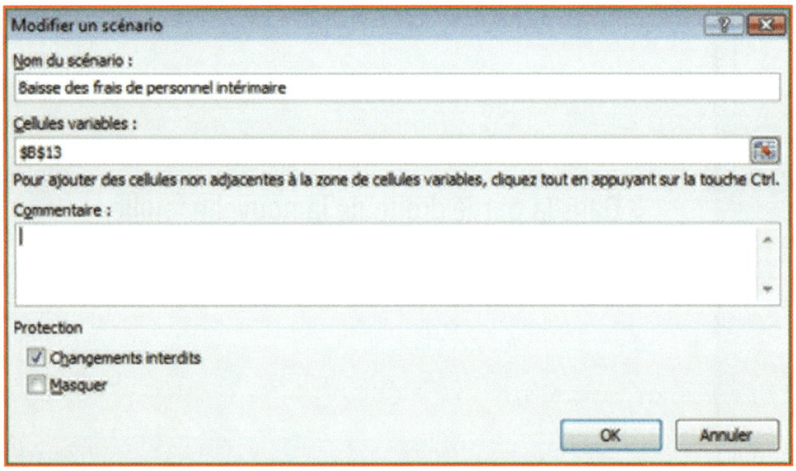

- Inscrire le nom du scénario.
- Sélectionner la valeur à changer.
- Cliquer sur « OK ».

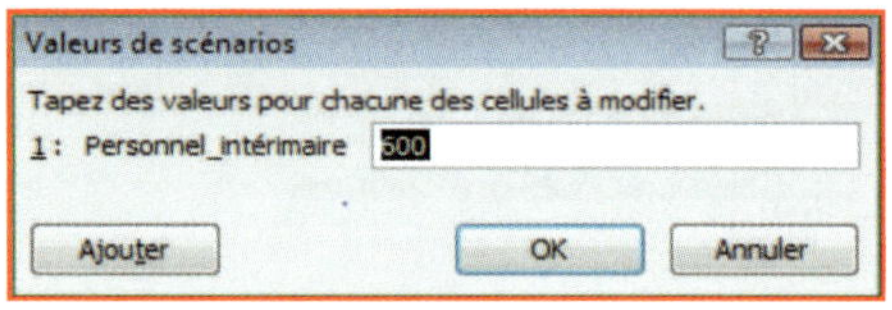

- Entrer la nouvelle valeur choisie. Cliquer sur « OK ».

- Recommencer l'opération pour chaque scénario envisagé.
- Puis, dans la fenêtre « Gestion de scénarios », cliquer sur « Synthèse ».
- Cliquer sur « Synthèse de scénarios » et dans la case « Cellules résultantes », sélectionner la cellule qui contient le taux d'augmentation prévisionnel. Cliquer sur « OK ».

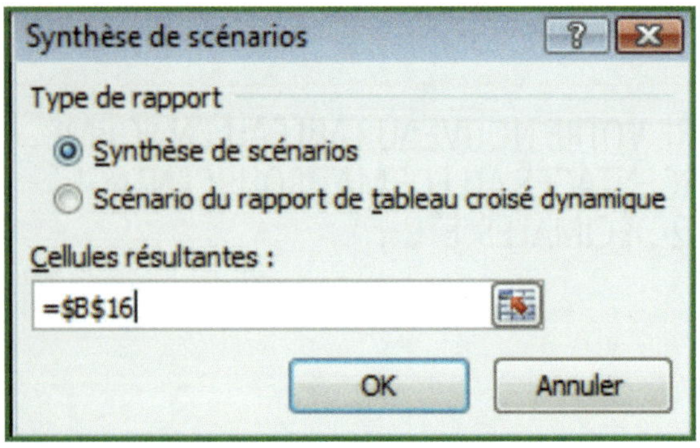

UNE NOUVELLE FEUILLE S'OUVRE, QUI PRÉSENTE L'EFFET DES DIFFÉRENTS SCÉNARIOS SUR LE CALCUL DU TAUX PRÉVISIONNEL D'AUGMENTATION DES CHARGES DE PERSONNEL.

METTRE LE TABLEAU EN FORME.

MJC CENTRE SOCIAL

MJC CENTRE SOCIAL Portes-lès-Valence

La MJC Centre social de Portes-lès-Valence est une association affiliée à la Fédération régionale les MJC en Rhône-Alpes. Elle bénéficie de l'appui de ce réseau et s'engage dans des actions soutenues par l'Union bi-départementale des MJC Drôme et Ardèche. La ville de Portes-lès-Valence est le principal soutien à notre association. Elle met à notre disposition les moyens nécessaires, en personnel, en financement, en matériel, pour l'accomplissement de notre mission dans les meilleures conditions. La Caisse d'allocations familiales (CAF) de la Drôme, par la prestation de service et par l'agrément social qu'elle nous délivre, apporte un soutien financier aux familles et à notre association.

La MJC Centre social de Portes-lès-Valence fonctionne grâce à l'engagement de ses adhérents et de ses administrateurs. Les valeurs de solidarité, de partage, d'égalité pour tous déterminent le projet de notre association. Nous nous adressons aux familles, aux enfants, aux adolescents, aux personnes en difficulté ou isolées. Nous proposons des activités ludiques, éducatives, créatives.

Mise en situation

Le 24 octobre 201N, vous venez d'être recruté(s) à la MJC Centre social de Portes-lès-Valence. Pour faciliter votre intégration, un livret vous est remis pour vous aider à comprendre le fonctionnement de l'association.

Livret d'accueil

L'organisation de la MJC Centre social

L'identité de la MJC

Adresse du siège social : Centre culturel Aragon – Rue Louis Aragon
26800 Portes-lès-Valence

Tél. : 04 75 57 00 96

Fax : 04 75 57 75 58

Mail : mjcportes@laposte.net

Site web : http//mjcporteslesvalence.fr/

Responsable MJC : Julie Despesse

Horaires :
Lundi-Jeudi : 14 h 00 - 18 h 30
Mardi-Mercredi-vendredi : 9 h 00 - 11 h 45 et 14 h 00 - 18 h 30
Samedi : 9 h 00 - 11 h 45 (fermé pendant les vacances scolaires)

Adhésion : 2013-2014 (saison du 1er septembre 2013 au 31 août 2014)
Tarif normal : 14 €
Tarif réduit : 7,50 €*
*Étudiant, RSA, sur présentation d'un justificatif.
L'adhésion est obligatoire pour toutes les activités et n'est pas remboursable.
Pour les moins de 16 ans, l'adhésion est familiale. Pour les nouveaux adhérents : vous avez la possibilité de participer à une séance d'essai avant l'inscription.

Règlement : les chèques vacances sont acceptés.
Pour les collégiens, les aides du Conseil général de la Drôme « Top Dép'Art » sont acceptées.

Activités de la MJC :
Atelier contes et nouvelles
Atelier Art et création
Art sur galet
Collectionneurs
Patchwork
Chorale occitane
Danse Hip Hop
Danse orientale
Danse Country
Danse de société
Danse du Brésil & du monde
Danse africaine
Tango argentin
Zumbrasil
Capoeira
Danse africaine
Yoga
Sophrologie
Randonnée pédestre
Renforcement musculaire
Italien – Espagnol – Anglais
Atelier langue occitane
Groupes de paroles
Rencontre autour des savoirs
Scrabble
Club des Chiffres et des Lettres
Atelier d'écriture « Mots et merveilles »
Informatique adultes

Animations : la MJC organise des sorties familiales, des sorties au féminin, mais aussi, en collaboration avec des acteurs de la vie portoise, le vide grenier, la bourse aux vêtements, le forum parentalité, la café citoyen, la bourse aux jouets, la fête du centre culturel...

Plan des locaux et des ressources informatiques

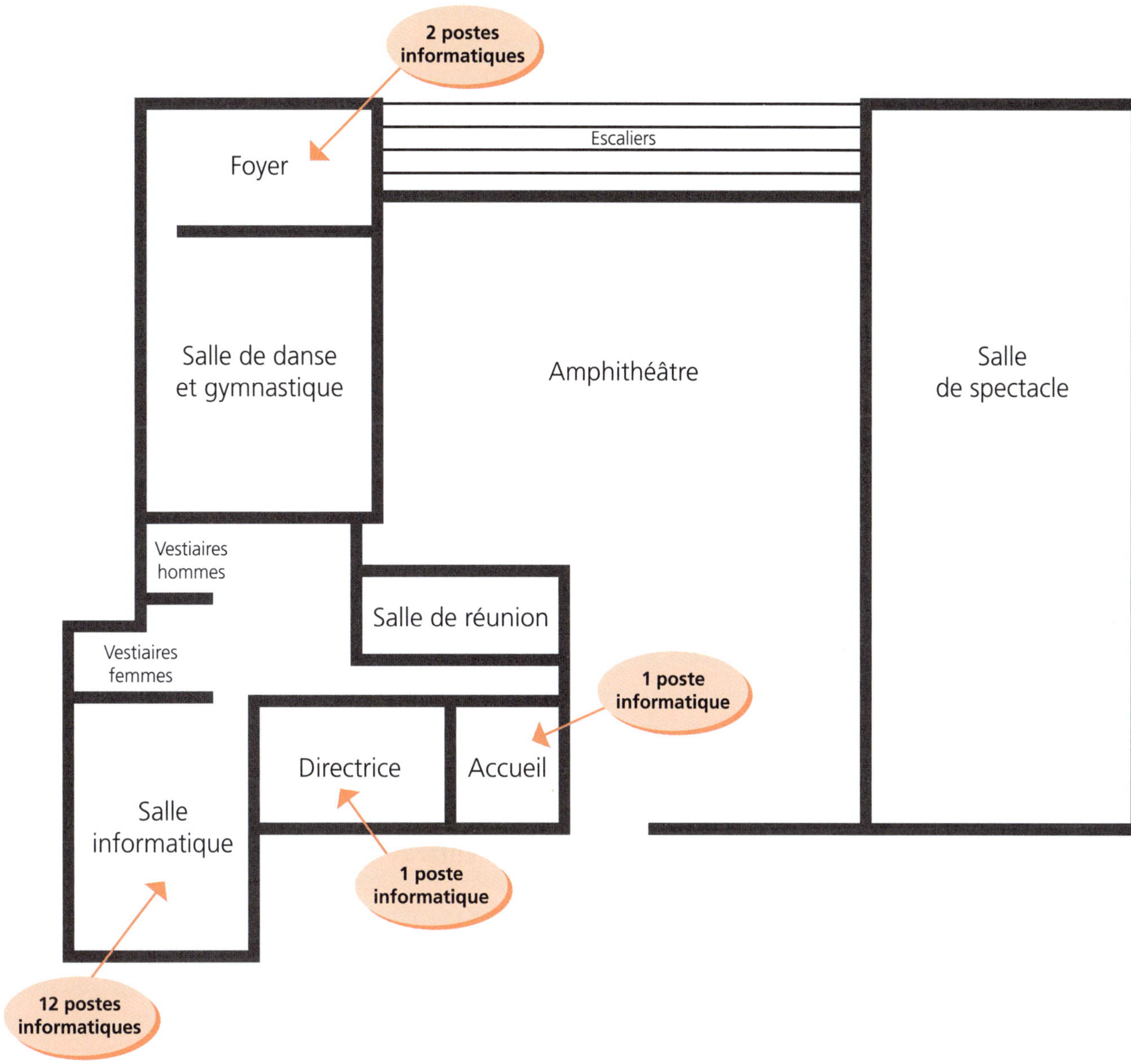

Les locaux sont équipés de 16 postes informatiques reliés à Internet par wifi.

Tous les postes sont équipés du pack Office 2007.

L'organigramme de la MJC

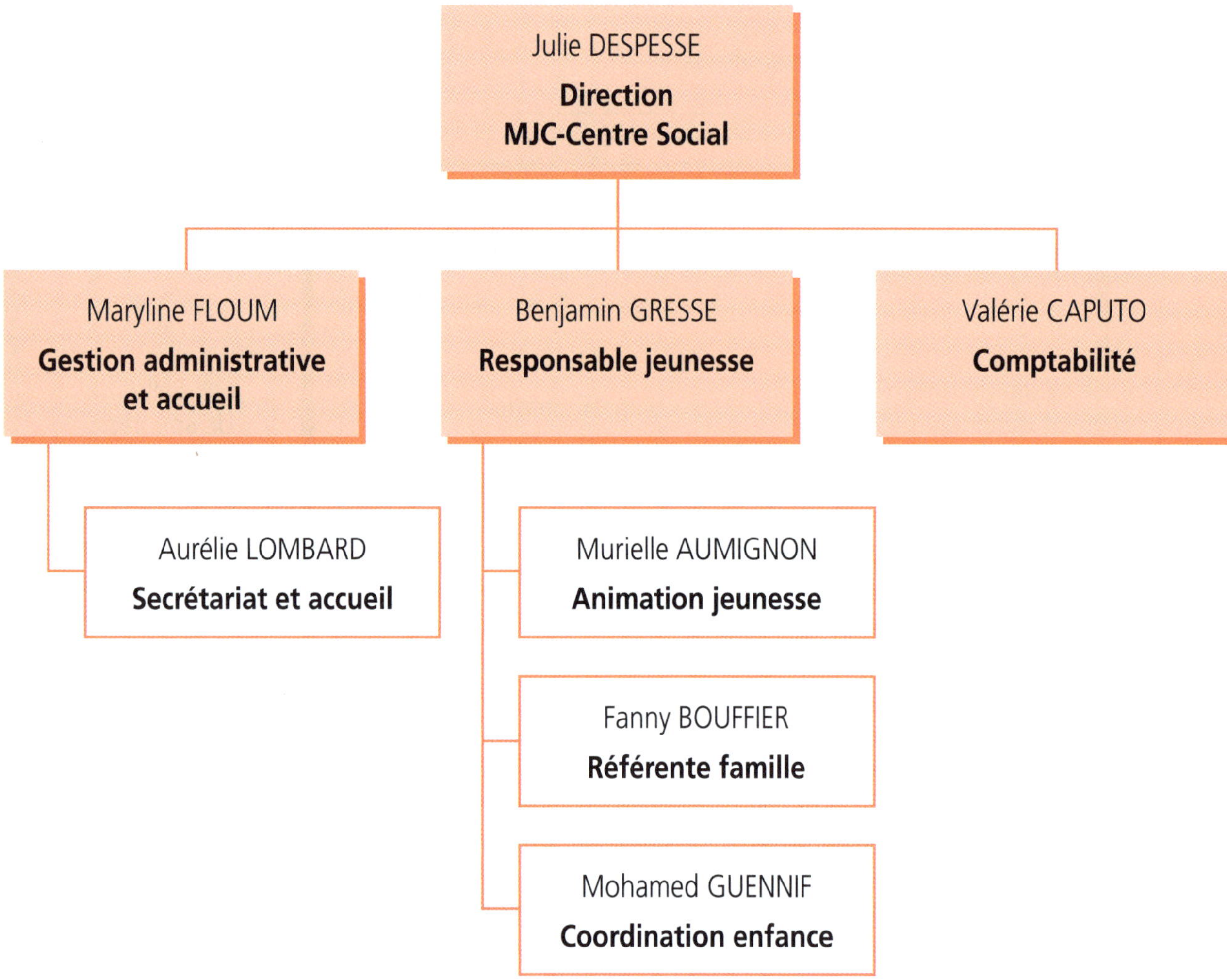

10 animateurs ont pour mission de gérer les activités avec les adhérents.
L'effectif total de la MJC de Portes-lès-Valence est donc de 18 salariés.

LA MAINTENANCE DU MATÉRIEL

MISSION 1

Situations professionnelles	Complexités	Aléas
1.3.4 Suivi des relations avec les partenaires-métiers 3.3.2 Maintien opérationnel des postes de travail et aménagement des espaces	– Réalisation de documents spécifiques au métier – Protocoles et normes à respecter – Recherche d'un nouveau partenaire-métier – Changement de prestataire de service	– Problèmes relationnels avec un partenaire-métier – Défaillance d'un prestataire
Correspondances savoirs économiques et juridiques		
▸ Les organisations professionnelles ▸ L'organisation des métiers en process ▸ Le contrat de maintenance, les garanties ▸ Le rôle du CHSCT, les règles de prévention et de sécurité ▸ Le rôle de l'inspection du travail		

RÔLE DU GESTIONNAIRE ADMINISTRATIF

ACTIVITÉ 1 ›› PRENDRE CONTACT AVEC UNE SOCIÉTÉ DE MAINTENANCE

Situation 1.3.4

Complexités : – Recherche d'un nouveau partenaire-métier
– Changement de prestataire de service

Aléa : – Problèmes relationnels avec un partenaire-métier

Nous sommes jeudi, l'imprimante-photocopieur (Document 1) de la directrice de la MJC est en panne. Celle-ci en a absolument besoin lundi après-midi.
Vous devez téléphoner au réparateur (Document 2) pour qu'il intervienne de manière urgente (avant lundi matin).

Préparez votre appel téléphonique en complétant la fiche d'appel téléphonique Annexe 1.

Le réparateur ne répond pas au téléphone. Il a laissé un message sur sa boîte vocale indiquant qu'il est injoignable jusqu'à 12 h. Vous décidez donc de lui laisser un message sur son répondeur.

Rédigez le message que vous allez laisser sur le répondeur du réparateur Annexe 2.

Le vendredi matin, sans nouvelles du réparateur, vous décidez d'en appeler un autre.

Faites les recherches nécessaires (Pages jaunes) et contactez-le. Complétez ses coordonnées sur l'Annexe 3.

Document 1

Fiche produit

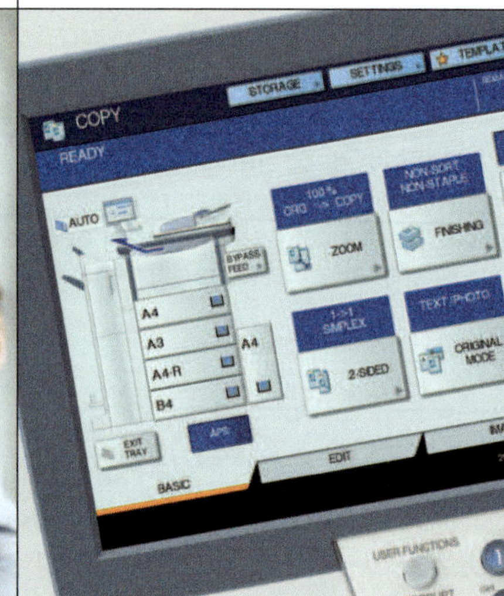

Système couleur

e-STUDIO5540c PRO
e-STUDIO6540c PRO
e-STUDIO6550c PRO

- Des performances exceptionnelles en mode couleur et noir et blanc.
- Des systèmes professionnels parfaitement adaptés à des impressions couleur fréquentes haut volume.
- Une qualité d'image supérieure et des couleurs éclatantes répondant aux attentes des professionnels.
- Des fonctions performantes et un coût d'usage réduit — une combinaison parfaite pour une productivité optimale.

fiery driven

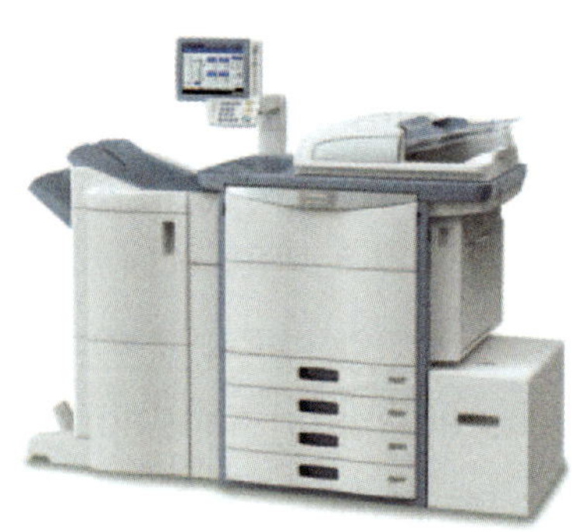

** Documents en réseau

Networking Documents.**

TOSHIBA
Leading Innovation* >>>
*TOSHIBA, à la pointe de l'innovation

Document 1 (suite)

e-STUDIO5540c PRO
e-STUDIO6540c PRO
e-STUDIO6550c PRO

Général	**Vitesse (copie et impression)**	Couleur : 55/65/65 ppm (A4), 27/30/30 ppm (A3) N/B : 55/65/75 ppm (A4), 27/30/37 ppm (A3)
	Temps de préchauffage	Environ 70 s à partir du mode d'économie d'énergie
	Formats et grammages papier	Cassettes : A5R-320 x 460 mm, 64-256 g/m² LCF tandem[2] : A4, 64-256 g/m² Bypass : A6R-330 x 483 mm, 64-300 g/m², bannière (313 x 1 200 mm, 90-163 g/m²)[3]
	Capacité papier	4 x 540 feuilles (cassettes) ou 2 x 540 feuilles (cassettes) + 2 320 feuilles (magasin grande capacité tandem)[2], 100 feuilles (bypass) Capacité maximum : 6 000[2] feuilles avec le LCF externe[1]
	Unité recto verso	A5R-320 x 460 mm, 64-256 g/m²
	Contrôleur	EFI Fiery System 8e, Toshiba e-BRIDGE
	Mémoire	EFI : disque dur de 80 Go, 512 Mo (1 024 Mo max.) de RAM e-BRIDGE : disque dur de 80+ Go, 2 Go de RAM
	Interface	10/100/1000 BaseT (IPv6 inclus), USB 2.0 (High-Speed), WLAN[1] (IEEE802.11b/g), Bluetooth[1]
	Dimensions et poids	980 x 698 x 1 540 mm (L x P x H), ~ 252 kg
Impression	**Résolution**	600 x 600 dpi max., 8 bits par canal couleur 1 200 x 1 200 dpi max., 2 bits par canal couleur[4]
	LDP	Adobe PostScript 3, prise en charge native des formats PDF1.4-1.6, PDF/X, TIFFv6, PS et EPS
	Systèmes compatibles	Windows 7/Vista/XP/Server 2008/Server 2003 (32/64 bits), Windows Server 2008 R2 (64 bits), Mac OS X, Novell
	Modes couleur	Sélection automatique de la couleur (ACS), Couleur, N&B
	Réglage des couleurs	Gestion des couleurs « in-Rip » (profils ICC) : prise en charge des espaces colorimétriques CMJN, RVB et CIE Lab et des tons directs, gestion des profils de liaison de périphérique
Scan	**Résolution**	600 x 600 dpi max., 8 bits par canal couleur
	Vitesse de scan	Couleur et N/B : jusqu'à 77 ppm (300 dpi)
	Chargeur de documents	100 feuilles max., A5R-A3, 35-209 g/m²
	Modes de scan	Sélection automatique de la couleur (ACS), Couleur, Niveaux de gris, N/B
	Formats de fichier	JPEG, TIFF/XPS/PDF multi/simple, PDF sécurisé, Slim PDF
	Fonctions de scan	Scan vers USB, scan vers e-mail, scan vers fichier (SMB, FTP, FTPS), méta-scan[1], scan vers boîte (e-Filing/boîte aux lettres), scan vers file d'attente « Hold »
Copie	**Résolution**	Scan : 600 x 600 dpi, 10 bits par canal couleur Impression : 600 x 600 dpi, 8 bits par canal couleur 2 400 x 600 dpi, N/B avec lissage
	Temps de sortie de la première copie	Couleur : environ 6,5 secondes N/B : environ 5,3/5,3/4,6 secondes
	Zoom	25-400 % (vitre d'exposition), 25-200 % (chargeur retourneur automatique de documents)
	Modes de copie	Texte, Texte/Photo, Photo, Image imprimée, Carte
	Modes couleur	Sélection automatique de la couleur (ACS), Couleur, Deux couleurs, Monochrome, N/B
	Réglage des couleurs	Réglage des nuances, de la saturation, de la balance des couleurs, des 5 modes à une touche, des couleurs RVB
Fax[1]	**Communication**	Super G3, G3 – (2e ligne en option), fax Internet (T.37)
	Vitesse de transmission	Environ 3 secondes par page
	Compression	JBIG, MMR, MR, MH
	Fax en réseau	Pilote pour Windows 7/Vista/XP (32/64 bits)
	Acheminement des fax entrants	Vers dossiers partagés (SMB, FTP, IPX/SPX), e-mail, e-Filing
Système & sécurité	**Gestion des périphériques**	Logiciel Command WorkStation pour la supervision et la gestion des travaux d'impression, TopAccess pour la configuration et l'administration à distance
	Fonctionnalités du système	Serveur de documents e-Filing pour le stockage sécurisé, la distribution des documents et l'impression à la demande (1 boîte publique, 200 boîtes utilisateur), 12 060 modèles Une Touche pour l'enregistrement de paramètres ou de flux de production personnalisés, prévisualisation des scans/fax, impression directe USB, RIP-while-Print, e-BRIDGE Open Platform[1], Job Skip, surimpression du noir, surimpression en mode composite
	Compteurs et sécurité	Accès basé sur les rôles, compatibilité LDAP, 1 000 codes départementaux et 10 000 codes utilisateur, lecteur de carte[1], impression privée, cryptage des données en standard, kit d'effacement des données[1], filtrage des adresses IP et MAC, filtrage des ports, prise en charge des protocoles SSL et IPSec[1], prise en charge du protocole IEEE802.1x, compatibilité IEEE2600.1[1], scan vers PDF sécurisé

OPTIONS

FINISSEUR AGRAFAGE MULTIPLE – MJ-1103
2 bacs, capacité de 3 250 feuilles
50 feuilles pour l'agrafage multipositions
A5R-A3, 64-105 g/m² (mode d'agrafage)
617 x 603 x 1 085 mm (L x P x H), ~ 40 kg

FINISSEUR AGRAFAGE À CHEVAL – MJ-1104
2 bacs, capacité de 3 250 feuilles
50 feuilles pour l'agrafage multipositions
Pliage central de 5 feuilles
Agrafage à cheval de livrets de 60 pages max.
A5R-A3, 64-105 g/m² (mode d'agrafage)
617 x 603 x 1 085 mm (L x P x H), ~ 70 kg

UNITE DE PERFORATION – MJ-6102
En option pour les finisseurs MJ-1103/MJ-1104
Disponible pour 2 perforations (E), 4 perforations (F)
112 x 573 x 323 mm (L x P x H), ~ 7 kg

MAGASIN GRANDE CAPACITÉ – MP-2501A
Capacité de 2 500 feuilles, A4, 64-256 g/m²
360 x 552 x 542 mm (L x P x H), ~ 29 kg

KITS ARTS GRAPHIQUES
EFI Spot-On, EFI Hot Folders, EFI Auto Trapping

EFI COLOR PROFILER
Logiciel de profilage (spectrophotomètre ES-1000 inclus)

AUTRES OPTIONS
BAC DE SORTIE LATÉRAL - KA-6550-ET
CARTE FAX – GD-1270EU
KIT D'EFFACEMENT DES DONNÉES – GP-1070
MODULE WIFI – GN-1060
MODULE BLUETOOTH – GN-2010
KIT MÉTA-SCAN – GS-1010
KIT WEB SERVICES – GS-1020
KIT D'ACTIVATION IPsec – GP-1080
e-BRIDGE Re-Rite – GB-1280

1) En option
2) Avec e-STUDIO5540cPRO LCF uniquement
3) Avec du papier bannière waterproof Toshiba d'un grammage maximal de 230 g/m²
4) Pilote PostScript uniquement

Sauf indication contraire, les données de productivité et les caractéristiques papier sont valables uniquement pour du papier A4 de 80 g/m².

TOSHIBA TEC FRANCE IMAGING SYSTEMS SA
7, rue Ampère – BP 136 – 92804 PUTEAUX CEDEX 7
TÉL : +33 (0)1 47 28 28 28, FAX : +33 (0)1 40 99 92 65
http://impression.toshiba.fr

TOSHIBA
Leading Innovation* >>>
*TOSHIBA, à la pointe de l'innovation

http://impression.toshiba.fr

Document 2

1

Toshiba C'Pro Distributeur

Soyez le 1er à écrire un avis

vente de matériel, de consommables d'informatique, matériel de p...

Plateau de Lautagne 53 av Langories,
26000 Valence

Afficher le N° | Voir le plan

Autres coordonnées

C'PRO vous propose des solutions d'impression, grand format , de gestion du document , d'optimisation des parcs d'impression. Nos "plus": Liberté de choix ■■■

Voir le site internet

Annexe 1 : Fiche de préparation d'un appel téléphonique

MJC CENTRE SOCIAL
Portes-lès-Valence

FICHE DE PRÉPARATION D'UN APPEL TÉLÉPHONIQUE

Date de l'appel : __ __ / __ __ / __ __ __ __	Heure : ....
Entreprise : .... Personne à contacter : .... Service :	N° de téléphone : __ __ __ __ __ __ __ __ __ __
Objet de l'appel :	
PLAN DE L'ENTRETIEN TÉLÉPHONIQUE	
Prise de contact : .... Développement : .... Conclusion :	

Annexe 2: Message à laisser sur le répondeur téléphonique

Annexe 3: Proposition de coordonnées du nouveau réparateur

ACTIVITÉ 2 ›› ÉLABORER UNE FICHE DE SUIVI D'ENTRETIEN DU MATÉRIEL

Situation 3.3.2

Complexité : – Réalisation de documents spécifiques au métier

Le réparateur que vous avez contacté peut venir vendredi en fin de matinée. Il vous demande la fiche de suivi d'entretien de la machine pour rendre son travail plus efficace et perdre moins de temps. La directrice vous informe qu'elle n'a jamais été élaborée. Vous décidez donc d'en créer une pour que ce problème ne se renouvelle pas.

À partir de l'article Document 3 et du logiciel de votre choix, vous devez créer une fiche d'entretien des imprimantes pour faciliter le travail du réparateur (par exemple : un premier nettoyage à effectuer avant telle échéance, puis une série d'entretiens planifiés à dates régulières).

DOCUMENT 3

Imprimantes : pensez à leur maintenance

→ GESTION DU MATÉRIEL

Les imprimantes sont des périphériques sensibles. En les privant d'un entretien régulier, vous accélérez leur vieillissement et diminuez la qualité d'impression. Découvrez comment leur redonner une seconde jeunesse.

Contrôlez les conditions d'entretien actuelles

Avant toute chose, faites-vous indiquer le nom et les coordonnées du prestataire chargé de l'entretien. Si cette question s'entoure d'un flou artistique, vérifiez l'information auprès de votre service comptable.

■ Un contrat existe

Consultez-le et vérifiez s'il n'a pas été dénoncé. Dans la négative, le suivi est-il assuré régulièrement ? Les carnets d'entretien sont-ils correctement renseignés ? Les utilisateurs des imprimantes sont-ils satisfaits de la prestation ? Selon les réponses collectées, prenez les mesures qui s'imposent (appeler le prestataire, revoir le contrat initial, etc.).

■ Aucun accord n'a été signé

Pour chaque machine, vérifiez sa date d'achat et les opérations de maintenance dont elle a fait l'objet. Avec le comptable et selon l'état du parc, établissez s'il est nécessaire ou non de faire appel à un prestataire. Si vous optez pour un suivi du parc en interne, qui pourrait s'en occuper? Attention, prévoyez au moins une heure de maintenance pour chaque machine.

Notre conseil : si le parc est important (supérieur à huit machines), estimez le coût en interne (prix des produits et coût de la main-d'œuvre) et contactez quelques prestataires pour obtenir des propositions chiffrées.

Offrez un lifting en règle à chaque imprimante !

Le choix s'est fixé sur une organisation de l'entretien en interne. Découvrez maintenant les actions à entreprendre.

■ Le nettoyage physique

Avant toute opération de maintenance, le câble d'alimentation électrique et le câble USB seront débranchés, puis la machine sera posée sur un plan de travail propre et dégagé.

- **Contrôlez la « trousse à outils »**. Elle doit contenir : un pinceau souple (bannissez ceux qui perdent leurs poils), des cotons tiges, du papier essuie-tout de qualité, de l'alcool à brûler, deux chiffons microfibres propres et neufs, une bombe à air comprimé, un aspirateur à régler à sa puissance minimale et à utiliser avec son embout le plus fin.
- **Nettoyez l'intérieur de l'imprimante**. Ôtez le bac d'alimentation de papier et délogez, à l'aide du pinceau souple, toutes les poussières visibles. Passez ce même pinceau dans tous les endroits accessibles puis aspirez tous les résidus visibles (y compris sur le plan de travail). Si nécessaire, complétez le nettoyage en pulvérisant de l'air comprimé dans les parties dégagées. Attention ! orientez la buse de façon à déplacer les saletés vers l'extérieur de la machine, et non l'inverse.
- **Nettoyez les parties encrassées**. Imbibez les cotons tiges d'alcool à brûler pour nettoyer délicatement les zones souillées (galets d'entrainement du papier, etc.). Pour les surfaces plus grandes, remplacez les cotons tiges par une feuille d'essuie-tout légèrement humidifiée avec de l'alcool.
- **Nettoyez la vitre**. Humectez un chiffon microfibre et asséchez-le au maximum pour ôter le surplus d'eau ; puis passez-le sur la vitre avant de l'essuyer avec le second chiffon.

Notre conseil : s'il s'agit d'une imprimante faisant scanner, et si des poussières sont visibles sous la vitre, ne cherchez pas à les déloger. Vous risqueriez d'endommager l'appareil. Si celles-ci diminuent la qualité de numérisation, contactez le service SAV du constructeur après avoir réfléchi aux coûts (maintenance ou remplacement ?).

■ Le nettoyage technique

Reconnectez l'appareil à son PC, activez le menu *Démarrer* > *Panneau de configuration* puis double-cliquez sur l'option *Imprimantes et télécopieurs*. Sélectionnez l'imprimante et ouvrez son menu contextuel à l'aide d'un clic droit. Activez l'option *Propriétés*. Dans l'onglet *Général*, cliquez sur le bouton *Options d'impression* puis ouvrez l'onglet *Utilitaire* pour accéder aux modules de votre choix (nettoyage des buses ou des têtes, alignement…).

Notre conseil : si la qualité de l'impression reste faible, notez que toutes les imprimantes ne sont pas logées à la même enseigne. Dans certains cas, les têtes d'impression sont intégrées aux cartouches. Il suffit alors de les remplacer pour corriger le problème. Parfois, le démontage des buses est possible et le manuel technique indique comment les nettoyer. À défaut de précision, contactez le SAV du constructeur pour établir un devis.

Organisez une veille active du parc

Que l'entretien ait lieu en interne ou qu'il soit délégué à un prestataire externe, préparez un tableau de suivi pour répartir dans le temps des contrôles réguliers (par exemple : un premier nettoyage à effectuer avant telle échéance, puis une série d'entretiens planifiés à dates régulières). Si personne n'a jamais pris en charge le nettoyage des PC, notez qu'il vous faudra mettre en place un suivi du même type. Comparé aux coûts de remplacements, un entretien régulier s'amortit très vite !

Agnès Taupin, rédacteur en chef du webzine www.activassistante.com

LA RELANCE CLIENT

MISSION 2

Situations professionnelles	Complexité	Aléa
1.2.5 Traitement des règlements et suivi des litiges 3.1.2 Production d'informations structurées		
Correspondances savoirs économiques et juridiques		
◗ Les obligations et la responsabilité contractuelle ◗ La valeur juridique des documents ◗ Le droit à l'image et la propriété intellectuelle		

RÔLE DU GESTIONNAIRE ADMINISTRATIF

ACTIVITÉ 1 ›› RÉDIGER UNE LETTRE DE RELANCE

Situations 1.2.5 - 3.1.2

En ce début d'année, la directrice vous charge de faire le point sur les adhésions et le règlement des cotisations. Elle vous communique la liste des adhérents ainsi que leur situation vis-à-vis de la MJC (Document 1).

Vous devez rédiger une lettre de relance des cotisations non réglées, qui sera envoyée par publipostage.

DOCUMENT 1

Nom	Prénom	Adresse	CP	Ville	Cotisation	Activités	Activités souhaitées
AKKUYU	Margot	3 rue des Rameaux	26000	VALENCE	OK	Danse	Guitare
ALVES	Quentin	65 avenue du Général-Leclerc	26500	BOURG-LÈS-VALENCE	Non réglé	Loisirs créatifs	Sophrologie / Yoga
ARTRU	Corentin	12 rue Capitaine-de-Canson	26500	BOURG-LÈS-VALENCE	OK	Sport	Yoga
BERNE	Adriana	18 rue Montgolfier	26800	PORTES-LÈS-VALENCE	OK	Atelier d'expression Loisirs créatifs	Sophrologie Danse
BLANC	Morgane	Route des lavandes	26800	PORTES-LÈS-VALENCE	OK	Chant / Sport	Guitare
BONNET	Romance	89 avenue des Platanes	26800	PORTES-LÈS-VALENCE	OK	Guitare	Guitare / Loisirs créatifs
CENTELS	Alison	3 route du Lycée	26500	BOURG-LÈS-VALENCE	OK	Danse	Sophrologie
CHATAIGNER	Amélie	15 boulevard de la Poste	26000	VALENCE	OK	Loisirs créatifs / Danse	Atelier d'expression
CHAZOT	Ophélie	38 chemin du Gravas	26800	PORTES-LÈS-VALENCE	Non réglé	Atelier d'expression	Guitare
CESEAU	Kévin	45 avenue des Platanes	26500	BOURG-LÈS-VALENCE	OK	Danse	Yoga
DELETRAZ	Laetitia	456 route du Sud	26500	BOURG-LÈS-VALENCE	OK	Loisirs créatifs	
DUMAS	Elodie	58 boulevard des Alpes	26800	PORTES-LÈS-VALENCE	OK	Guitare / Sport	Sophrologie
NDOMA	Tirenké	9 rue des Églantines	26800	PORTES-LÈS-VALENCE	OK	Loisirs créatifs	Aucun
FRAPPAT	Kaïs	18 rue des Tilleuls	26000	VALENCE	Non réglé	Guitare / Sport	Sophrologie
GENTIL	Prescillia	89 avenue du Parc	26800	PORTES-LÈS-VALENCE	OK	Danse	Loisirs créatifs
GRELLIER	Marlène	34 boulevard de la Liberté	26800	PORTES-LÈS-VALENCE	OK	Atelier d'expression	Guitare / Sophrologie / Yoga
IANNELI	Zeynep	3 chemin des Vignes	26800	PORTES-LÈS-VALENCE	OK	Guitare	Atelier d'expression
KOIFF	Mickeul	Chemin du MCD	26000	VALENCE	OK	Sport	Guitare
LAUWER	Lucas	5 rue du Fusillé	26500	BOURG-LÈS-VALENCE	Non réglé	Loisirs créatifs	Sophrologie / Yoga
LERMET	Lysa	22 avenue Victor-Hugo	26800	PORTES-LÈS-VALENCE	OK	Guitare	Chant
MOURELON	Léthice	698 rue Lamartine	26800	PORTES-LÈS-VALENCE	OK	Danse	Sophrologie
MOURIA	Maxence	8 rue de la Muette	26000	VALENCE	Non réglé	Sport	Aucun
PERAGROS	Marion	93 chemin du Gravas	26800	PORTES-LÈS-VALENCE	OK	Loisirs créatifs	Atelier d'expression
PONSSEAU	Lou	17 rue Canson	26500	BOURG-LÈS-VALENCE	OK	Sport	Aucun
TCHIN	Yam	658 rue Montgolfier	26000	VALENCE	OK	Guitare	Sophrologie / Yoga
TROUILLET	Atick	65 rue des Rameaux	26000	VALENCE	Non réglé	Atelier d'expression	Aucun

LE RECRUTEMENT DU PERSONNEL

MISSION 3

Situation professionnelle	Complexité	Aléa
2.2.1 Participation au recrutement du personnel		
Correspondances savoirs économiques et juridiques		
◗ Les différents statuts et contrats de travail ◗ Les conventions collectives et les accords ◗ Les obligations liées au recrutement		

RÔLE DU GESTIONNAIRE DU PERSONNEL

ACTIVITÉ 1 ❯❯ PRÉSENTER UNE PROCÉDURE ADMINISTRATIVE DE RECRUTEMENT

Situation 2.2.1

Afin de répondre à de nouvelles demandes, la directrice vous charge de rechercher de nouveaux partenaires (professeurs notamment). En effet, de nombreux adhérents souhaitent pratiquer le yoga ou la sophrologie, d'autres souhaitent apprendre à jouer de la guitare.

Connaissant vos compétences en ressources humaines, la directrice vous demande de mettre en place un protocole à respecter pour le recrutement de nouveaux professeurs. Vous lui remettrez votre travail imprimé.

MISSION 4

LES TABLEAUX DE BORD ET INDICATEURS SOCIAUX

Situations professionnelles	Complexités	Aléa
2.4.2 Préparation des tableaux de bord, des indicateurs sociaux 3.1.2 Productions d'informations structurées	– Recherche de données chiffrées – Exploitation d'indicateurs à partir d'un tableau de bord – Réalisation de documents de synthèse	– Anomalies constatées dans l'évolution des indicateurs
Correspondances savoirs économiques et juridiques		
▸ Le bilan social, le rapport social, les indicateurs sociaux ▸ La valeur juridique des documents ▸ Le droit à l'image et la propriété intellectuelle		

RÔLE DU GESTIONNAIRE DU PERSONNEL

ACTIVITÉ 1 ›› ANALYSER LES INDICATEURS SOCIAUX

Situation 2.4.2

Complexités : – Recherche de données chiffrées
– Exploitation d'indicateurs à partir d'un tableau de bord
– Réalisation de documents de synthèse

Aléa : – Anomalies constatées dans des indicateurs

La MJC propose de nombreuses activités à ses usagers : danse, musique, chant, théâtre, photos, arts plastiques, langues, sports, piscine, aqua gym... De nombreux animateurs travaillent et interviennent dans différentes activités.

La directrice, Mlle Despesse, a été sollicitée par l'INSEE qui réalise des statistiques précises sur les salariés des centres sociaux. Elle a répondu favorablement à cette demande et doit fournir des informations chiffrées sur le salaire moyen, le niveau de qualification des salariés ainsi que le taux d'absentéisme.

À partir des Documents 1, 2, 3 et 4, vous répondrez aux questions et :
- présenterez un histogramme des revenus salariaux des salariés en France pour la tranche d'âge 25 à 55 ans en N-2 (Annexe 1) ;
- reproduirez le tableau (Annexe 2) et procéderez aux calculs nécessaires ;
- réaliserez un histogramme des salariés de la MJC de N-2 à N-1 (Annexe 3) ;
- reproduirez le tableau (Annexe 4), calculerez le salaire moyen pour l'année N-1 par niveau de qualification et représenterez vos résultats dans un graphique en secteur ;
- reproduirez le tableau (Annexe 5) et présenterez l'état des jours d'absences des salariés de N-3 à N-1 ;
- réaliserez un histogramme représentant le taux des absences des salariés de N-3 à N-1 (Annexe 6).

Document 1

Le **bilan social** est, en France, un instrument de mesure du domaine social dans l'entreprise, défini par les articles L. 2323-68 à L. 2323-77 et R. 2323-17 du Code du travail français. Il a été créé par la loi 77-769 du 12 juillet 1977.

Cette loi a été directement inspirée des travaux issus du Rapport Sudreau.

Il récapitule en un document unique les principales données chiffrées permettant d'apprécier la situation de l'entreprise dans le domaine social, d'enregistrer les réalisations effectuées et de mesurer les changements intervenus au cours de l'année écoulée et des deux années précédentes.

Le bilan social comporte des informations sur l'emploi, les rémunérations et charges accessoires, les conditions de santé et de sécurité, les autres conditions de travail, la formation, les relations professionnelles ainsi que sur les conditions de vie des salariés et de leurs familles dans la mesure où ces conditions dépendent de l'entreprise.

Le salaire médian correspond à la valeur de salaire telle que -dans la population considérée- la moitié des salariés gagne moins que cette valeur tandis que l'autre moitié gagne plus.

Le salaire moyen est la moyenne arithmétique de l'ensemble des salaires perçus par la population considérée.

http://fr.wikipedia.org/

Document 2

Le salaire net moyen en France s'établit à 2 082 €

Le salaire moyen en France dans le privé ou en entreprise publique s'est établi en 2010 à 2 082 € net par mois, selon une étude de l'INSEE rendue publique ce mardi (pour 2 764 € brut). Il a progressé de 2 % en euros courants, c'est-à-dire avant correction par la hausse des prix, et de 0,5 % en tenant compte de l'inflation. Mais tout le monde n'a pas bénéficié de cette amélioration.

50 % des salariés gagnent moins de 1 675 €

Le salaire médian, qui partage les salariés en deux groupes égaux, progresse de 0,3 %, à 1 675 €, mais il demeure nettement inférieur, de près de 20 %, au salaire net moyen en France. 90 % des salariés gagnent moins de 3 317 € par mois. Les 1 % les mieux payés gagnent plus de 7 654 €.

http://lexpansion.lexpress.fr/economie

Document 3

Revenus salariaux moyens des salariés en France de 25 à 55 ans de N-3 à N-2

	Montants mensuels nets N-3				Montants mensuels nets N-2			
	Hommes	**Femmes**	**Ensemble**	**F/H (en %)**	**Hommes**	**Femmes**	**Ensemble**	**F/H (en %)**
Cadres	4 187	3 199	3 862	....	4 277	3 312	3 963	....
Professions intermédiaires	2 240	1 928	2 106	....	2 267	1 982	2 144	....
Employés	1 579	1 442	1 482	....	1 595	1 472	1 508	....
Ouvriers	1 591	1 313	1 547	....	1 612	1 343	1 569	....
Ensemble	2 223	1 777	2 041	....	2 264	1 819	2 082	....

Document 4

Salaire par niveau de qualification au sein de la MJC de N-2 à N-1

Nom des salariés	Niveau de qualification	Diplôme obtenu	Salaire net mensuel en N-2	Salarie net mensuel en N-1
DESPESSE Julie	Niveau II	Maîtrise	2 153	2 185
FLOUM Maryline	Niveau II	Maîtrise	1 750	1 782
GRESSE Benjamin	Niveau III	BTS	1 650	1 669
CAPUTO Valérie	Niveau II	Licence	1 720	1 745
LOMBARD Aurélie	Niveau III	BTS	1 450	1 482
AUMIGNON Murielle	Niveau IV	Bac	1 389	1 410
GUENNIF Mohamed	Niveau IV	Bac	1 420	1 430
BOUFFIER Fanny	Niveau IV	Bac	1 380	1 410
HUGON Manuel	Niveau IV	Bac	1 328	1 385
COLIAC Jean-François	Niveau III	BTS	1 421	1 445
BARON Karen	Niveau IV	Bac	1 400	1 420

Remarque : seulement 3 animateurs travaillent à plein temps.

Annexe 1: Histogramme des revenus salariaux des salariés en France de 25 à 55 ans en N-2

Quels sont les derniers chiffres publiés par l'INSEE concernant le salaire moyen ?

....

....

Quels sont les derniers chiffres publiés par l'INSEE concernant le salaire médian ?

....

....

Que constatez-vous ?

....

Annexe 2 : Revenu salarial moyen au sein de la MJC (en euros courants) de N-2 à N-1

Année	Hommes		Femmes		Rapport hommes/femmes
	.... /an	.... /mois	.... /an	.... /mois	
N-2	....	....	....	....	....
N-1	....	....	....	....	....

Que constatez-vous ?

....

Annexe 3 : Histogramme des salariés de la MJC de N-2 à N-1

Que constatez-vous ?

....

Annexe 4 : Salaire moyen pour l'année N-1 par niveau de qualification

Nom des salariés	Niveau de qualification	Diplôme obtenu	Salaire net mensuel en N-1
....	....	....	
....	....	....	....
....	....	....	....
....	....	....	....
....	....	....	....
....	....	....	....
....	....	....	....
....	....	....	....
....	....	....	....
....	....	....	....
....	....	....	....
....	....	....	....
....	....	....	....
....	....	....	....

Annexe 5 : État des jours d'absences des salariés de N-3 à N-1

	Année N-3	% d'absences	Année N-2	% d'absences	Année N-1	% d'absences	Total
Congés sans solde	4,00	....	5,00	....	3,00	....	24,18
Absences pour enfants malades	12,00	....	10,00	....	20,00	....	72,51
Congés de paternité	8,00	....	11,00	....	33,00	....	77,56
Absences pour événements familiaux	6,00	....	5,00	....	4,00	....	30,25
Congés maladie	15,00	....	20,00	....	35,00	....	117,17
Formation	20,00	....	32,00	....	44,00	....	165,32
Total	....	....	....	....	....	....	....

Annexe 6 : Représentation graphique du taux des absences des salariés de N-3 à N-1

Que constatez-vous ?

....

ACTIVITÉ 2 › › RÉDIGER UNE NOTE DE SYNTHÈSE

Situation 3.1.2

Complexité : – Réalisation de documents de synthèse

Puis, vous présenterez le fruit de votre travail dans une note de synthèse pour Mlle Despesse en fonction des résultats constatés. Vous comparerez notamment vos résultats par rapport aux chiffres du **Document 2** (ou de vos données actualisées). Vous rechercherez les derniers chiffres publiés par l'INSEE concernant les revenus moyens et médians en France pour effectuer une comparaison par rapport aux résultats trouvés pour la MJC.

LE BUDGET DE FONCTIONNEMENT

MISSION 5

Situation professionnelle	Complexités	Aléas
3.3.4 Participation au suivi du budget de fonctionnement du service	– Modification d'échéancier – Budget partagé par plusieurs services – Révision du budget	– Restrictions budgétaires – Dépenses non budgétées

RÔLE DU GESTIONNAIRE ADMINISTRATIF

ACTIVITÉ 1 ›› ANALYSER LES DÉPENSES RÉALISÉES PAR L'ASSOCIATION

Situation 3.3.4

La directrice de la MJC vous demande de l'aider à préparer le budget de fonctionnement pour l'année à venir. Celui-ci doit être clos le 31 mai prochain.

À partir du budget de l'an passé, visualisez les dépenses de la MJC et analysez-les dans un tableau récapitulatif que vous élaborerez à l'aide de votre tableur habituel (Document 1).

Scénario 1	Scénario 2
À partir du Document 1 et du tableau que vous venez de réaliser, faites un graphique circulaire afin de pouvoir analyser les dépenses par poste sur l'Annexe 1.	À partir du Document 1 et du tableau que vous venez de réaliser faites un graphique en histogramme afin de pouvoir analyser les dépenses par poste sur l'Annexe 1.

Proposez une solution qui pourrait permettre de réduire les dépenses pour l'année prochaine.

Document 1

Budget (compte de résultat) N

Recettes			N
Ventes de prestations de services et marchandises			160 340,00 €
	706001	Prestations activités (participation adhérents)	25 862,00 €
	706002	Prestations activités (participation communes)	2 000,00 €
	706003	Prestations activités (participation CAF)	0,00 €
	706005	Prestations activités (participation Conseil Général)	0,00 €
	706007	Prestations activités (participation CMSA)	700,00 €
	706100	Cotisations d'activités	39 590,00 €
	706110	Cotisations Ecole de musique	5 674,00 €
	706230	Prestations reçues de la CAF	75 864,00 €
	706300	Recettes spectacles, conférences	2 500,00 €
	706301	Recettes manifestations	3 000,00 €
	706302	Photocopies	250,00 €
	707100	Ventes groupées	400,00 €
	707110	Vente produits propres aux activités	0,00 €
	707120	Ventes buvette, repas	1 500,00 €
	707140	Ventes licences	0,00 €
	708500	Autres produits	0,00 €
	708300	Locations salles	3 000,00 €
Subventions d'exploitation			130 395,00 €
	741140	Etat - ANPE	0,00 €
	741160	Etat - CNASEA	6 000,00 €
	741416	Etat - FONJEP	10 890,00 €
	741420	Etat - Jeunesse et Sports	0,00 €
	743100	Département - REAAP	2 900,00 €
	743110	Département - AQRSA	44 005,00 €
	743120	Département - ASIR	8 600,00 €
	743130	Département - Contrats projets	4 000,00 €
	744100	Ville de Dieuze - Fonctionnement	44 000,00 €
	744101	Ville de Dieuze - CEJ	10 000,00 €
	744102	Ville de Dieuze - Manifestations	0,00 €
	745100	CAF - Projets	0,00 €
Autres produits de gestion courante			10 960,00 €
	754100	Dons perçus	500,00 €
	756100	Adhésions	3 000,00 €
	758000	Produits divers de gestion	0,00 €
	758420	Sponsor tracts rentrée	2 400,00 €
	758600	Remboursement divers	0,00 €
	758700	Quote-part charges AGBS	5 060,00 €
Produits Financiers			6 500,00 €
	762200	Intérêts sur épargne	0,00 €
	764000	Intérêts sur placements	6 500,00 €
	767000	Produits cession de VMP	0,00 €
Produits exceptionnels			10 300,00 €
	771300	Dons, libéralités reçues	2 400,00 €
	772000	Produits sur exercices antérieurs	0,00 €
	777000	Quote-part subv. Investissement	7 900,00 €
	778800	Produits exceptionnels	0,00 €
Transferts de charges			1 450,00 €
	791410	Remboursements indemnités maladie	1 000,00 €
	791412	Remboursements prévoyance	0,00 €
	791510	Remboursements formation	450,00 €
	791616	Remboursements assurance	0,00 €
		Total	**319 945,00 €**

Document 1 (suite)

Budget (compte de résultat) N

Dépenses			N-1
Achats			34 600,00 €
	604 100	Prestations manifestations	2 800,00 €
	604 110	Prestations cours	2 100,00 €
	604 111	Prestations activités (hors cours)	8 000,00 €
	606 600	Alimentation repas	9 500,00 €
	606 500	Fournitures manifestations	800,00€
	606 510	Fournitures cours	0,00€
	606 511	Fournitures d'activités (hors cours)	2 300,00 €
	606 110	Carburant	4 000,00 €
	606 130	Electricité	2 200,00 €
	606 300	Fournitures d'entretien et de petit équipement	100,00€
	606 400	Fournitures administratives	1 600,00 €
	607 100	Achats buvette, repas	800,00€
	607 140	Achats licences	0,00€
	607 300	Achats groupés	400,00€
Services extérieurs			17 570,00 €
	612200	Crédit-bail photocopieur	4 257,00 €
	613200	Locations diverses	730,00€
	613500	Location de matériel	2 400,00 €
	615000	Entretiens et réparations locaux	500,00€
	615520	Photocopies et réparations matériel de bureau	2 000,00 €
	615540	Entretiens et réparations des véhicules	733,00€
	615600	Maintenance matériel et logiciels	1 500,00 €
	616000	Assurance activités-manifestations	5 300,00 €
	616001	Assurance mobilier MJC	0,00€
	616002	Assurances véhicules	0,00€
	618100	Documentation générale	150,00€
	618300	Documentation technique	0,00€
Autres services extérieurs			30 538,00 €
	621400	Personnel extérieurs à l'association	1 500,00 €
	621410	Ecole de musique	5 310,00 €
	622600	Honoraires expert comptable	5 173,00 €
	622610	Honoraires commissaire aux comptes	3 840,00 €
	622700	Frais d'actes et contentieux	0,00€
	623400	Cadeaux adhérents, animateurs	150,00€
	623600	Catalogues et imprimés	300,00€
	623800	Divers (pourboires, dons courants...)	500,00€
	624300	Transports liés aux activités	0,00€
	625100	Frais de déplacements manifestations	0,00€
	625110	Frais de déplacements cours	5 611,00 €
	625111	Frais de déplacements activités (hors cours)	304,00€
	625600	Frais de mission	250,00€
	625700	Réceptions	750,00€
	626100	Affranchissements	1 000,00 €
	626200	Téléphone et internet	4 000,00 €
	627800	Frais de banque	150,00€
	628100	Cotisations fédérations	1 700,00 €
	628610	Formation des salariés	0,00€
	628620	Formation des bénévoles	0,00€
Impôts, taxes et versements assimilés			8 167,00 €
	631100	Taxe sur les salaires	3 867,00 €
	633300	Formation du personnel	4 300,00 €

→

Document 1 (suite)

Dépenses		N-1
Charges de personnel		221 320,00 €
641110	Salaires permanents	123 834,00 €
641120	Salaires animateurs	26 042,00 €
641130	Contrat CAE	9 786,00 €
641290	Congés payés	0,00€
641410	Indemnités et avantages divers	0,00€
641500	Indemnité artiste spectacle	0,00€
645100	URSSAF	40 194,00 €
645300	Caisses de retraites et de prévoyance	11 732,00 €
645400	ASSEDIC	8 732,00 €
645890	Charges sociales sur congés payés	0,00€
647500	Médecine du travail	1 000,00 €
648000	Autres charges de personnel	0,00€
Autres charges de gestion courante		350,00€
651100	Redevances logiciels	0,00€
651600	Sacem	350,00€
651700	Redevance logiciel	0,00€
654000	Charges de gestion	0,00€
Charges financières		0,00€
661600	Intérêts bancaires	0,00€
Charges exceptionnelles		1 700,00 €
671300	Dons, libéralités	1 700,00 €
671800	Charges exceptionnelles sur opérations de gestion	0,00€
672000	Charges exceptionnelles sur exercice antérieur	0,00€
678800	Autres charges exceptionnelles	0,00€
Dotations aux amortissements, provisions et engagements		5 700,00 €
681110	Dotations aux amortissements immobiliers	0,00€
681120	Dotations aux amortissements corporels	5 700,00 €
681740	Dotations aux provisions clients douteux	0,00€
689000	Engagements à réaliser sur ressources affectées	0,00€
	Total	**319 945,00 €**

Annexe 1 : Analyse du graphique et proposition de solutions

ACTIVITÉ 2 ›› PRÉPARER LE BUDGET DE FONCTIONNEMENT

Situation 3.3.4

Complexités : – Modification d'échéancier
– Révision du budget
Aléa : – Restrictions budgétaires

La directrice vient vous voir car elle s'est rendue compte que le budget doit être clos non pas pour le 31 mai, mais pour le 31 mars prochain car elle le propose au vote le 2 mai.

Suite aux restrictions budgétaires (moins de subventions), le budget de l'an prochain est révisé par rapport à cette année. En effet, la MJC perd 20 % de subventions d'exploitation. De plus, la directrice vous informe qu'avec la crise, les cotisations d'activité vont diminuer ; il faut compter 33 674,50 € au lieu de 39 590 €. Pour compenser cette perte la directrice vous demande de réduire toutes les dépenses de 10 %.

Réalisez le budget (simplifié) pour l'année prochaine à l'aide de votre tableur.

ACTIVITÉ 3 ›› PRÉPARER LE BUDGET DE FONCTIONNEMENT

Situation 3.3.4

Complexité : – Budget partagé par plusieurs services

Dans un deuxième temps, vous êtes chargé(e) de prévoir le montant total des dépenses de fonctionnement de la MJC pour l'année N+1. Vous procéderez à la répartition de ces dépenses entre les différentes activités proposées, sachant que la MJC répartit 20 % du montant global de ses recettes aux activités.

Complétez l'Annexe 2.

Annexe 2: Tableau de répartition des dépenses prévues par activités pour l'année N+1

Activités	Part du budget à allouer	Montant	
		Détail des calculs	Résultat
Danse	2 %	....	....
Loisirs créatifs	4 %	....	....
Sport	5 %	....	....
Atelier d'expression	3 %	....	....
Chant	2 %	....	....
Guitare	4 %	....	....
Total	20 %	....	....

ACTIVITÉ 4 ›› METTRE À JOUR UN ÉTAT BUDGETAIRE EN TENANT COMPTE DE DÉPENSES NON BUDGETÉES

Situation 3.3.4

Complexité : – Révision du budget
Aléa : – Dépenses non budgétés

Le concert de fin d'année aura bientôt lieu, les professeurs de guitare vous demandent d'acheter 2 nouvelles guitares (Fender 65 Mustang Reissue Rosewood Dakota Red) (Document 2) et 4 amplis (Marshall 1960-AJSB Joe Satriani) (Document 3). Ces achats n'ont pas été budgétés.

Faites la demande à la directrice par mail. (Annexe 3)

À quel pourcentage global du budget annuel cela correspond-il ? (Annexe 4)

Selon-vous sur quel poste serait-il envisageable de faire des économies pour financer ce besoin ? Pourquoi ? (Annexe 5)

Document 2

Fender 65 Mustang Reissue Rosewood Dakota Red

895.00 €

Garantie : 5 ans
Réf. FDR-0273706554
Code EAN : 717669395933
Frais de port : Offerts

Ajouter au caddie

Article soumis à une éco-taxe de 0,25 €

http://www.effect-on-line.com

Document 3

Marshall 1960-AJSB Joe Satriani

889.00 €

Garantie : 2 ans
Réf. MSL-1960AJSB
Code EAN : 5030463320945
Frais de port : Offerts

Ajouter au caddie

Article soumis à une éco-taxe de 0,84 €

http://www.effect-on-line.com

Annexe 3

De :
À :
Cc :
Objet :
Pièces jointes :
Police 10

Annexe 4: Calcul du pourcentage global du budget annuel

....
....
....

Annexe 5: Poste sur lequel il serait envisageable de faire des économies pour financer les besoins

....
....
....

LE SUIVI DES CONTRATS ET ABONNEMENTS

MISSION 6

Situations professionnelles	Complexités	Aléas
3.1.2 Production d'informations structurées 3.3.3 Gestion des contrats de maintenance, abonnements, licences informatiques	– Technicité des contrats – Multiplicité des contrats, des abonnements et des licences – Changement de prestataire – Résiliation du contrat	– Opérations non couvertes par contrat – Contrats, abonnements, licences multiples et redondants – Dépassement des budgets de maintenance, d'abonnements et de licences informatiques

Correspondances savoirs économiques et juridiques
La valeur juridique des documents Le droit à l'image et la propriété intellectuelle Les contrats et leurs obligations Les conditions de validité du contrat Les contrats de maintenance et les licences

RÔLE DU GESTIONNAIRE ADMINISTRATIF

ACTIVITÉ 1 ❯❯ RÉSILIER UN CONTRAT

Situation 3.3.3

Complexités : – Technicité des contrats
– Résiliation du contrat

Aléa : – Opérations non couvertes par contrat

Nous possédons Norton antivirus (shareware, voir Document 1) pour les 16 postes informatiques du centre social qui ne détecte pas certaines menaces (Documents 2 et 3).

Nous nous sommes engagés le 02/01/N pour une durée de 2 ans (dont 1 an renouvelable). Pour éviter d'infecter les ordinateurs de la MJC, il apparait nécessaire de changer d'antivirus au plus vite.

Vous informerez par lettre recommandée avec accusé de réception (Annexe 1) la société Norton Symantec France que le contrat (n° 1226) ne sera pas renouvelé.

Document 1

Qu'est-ce qu'un logiciel libre ?

Un logiciel libre protège la liberté des utilisateurs. À l'opposé, toutes les autres formes de distribution posent des problèmes en matière de liberté pour les utilisateurs. Voici quelques exemples de ces formes de distribution qu'il ne faut pas confondre avec le logiciel libre :

- un « freeware » (logiciel gratuit ou graticiel), contrairement au « free software », indique simplement que le logiciel fourni est gratuit, indépendamment de sa licence d'utilisation. Dans certains cas, ce sont des logiciels du domaine public. Le code source du programme n'est pas disponible, ce qui interdit, par exemple de corriger des bugs ou d'effectuer des améliorations ;
- un « shareware » (partagiciel) est un logiciel dont l'auteur demande aux utilisateurs réguliers de son programme une rétribution volontaire. La rediffusion ou la modification d'un tel programme n'est pas autorisé ;
- un logiciel du domaine public n'est plus soumis au droit d'auteur. Si le code source est dans le domaine public, c'est un logiciel libre, mais très souvent le code source n'est pas disponible (seul le code binaire est disponible). Dans ce cas, ce n'est pas un logiciel libre.

www.april.org

Document 2

Détection

Détection d'une base de 1 644 menaces

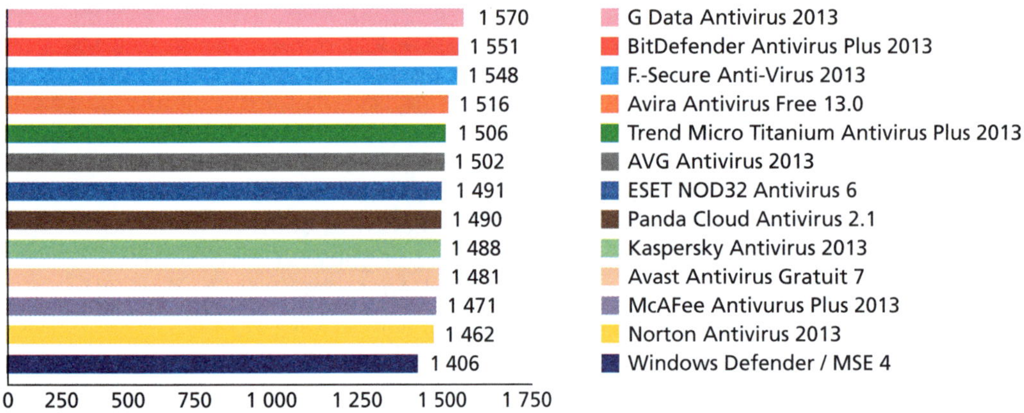

http://www.clubic.com

Document 3

Tableau comparatif des fonctionnalités de Norton

Comparatif des fonctionnalités	Norton AntiVirus	Norton Internet Security	Norton 360
Protection de base			
Assure une protection toujours actualisée avec des mises à jour rapprochées toutes les 5 à 15 minutes	✔	✔	✔
De meilleures performances pour des analyses plus rapides	✔	✔	✔
Avec le mode silencieux, vous n'êtes plus interrompu dans vos jeux ou lorsque vous regardez un film par des alertes ou des mises à jour	✔	✔	✔
La gestion de type cloud Norton vous permet de télécharger, installer, transférer, mettre à jour ou renouveler des produits Norton via Internet, quel que soit l'endroit où vous vous trouvez	✔	✔	✔
Norton Safe Web for Facebook® analyse votre fil d'actualité pour repérer les téléchargements dangereux et vous avertit ainsi que vos amis	✔	✔	✔
Protection avancée			
Détection et suppression des logiciels espions et des logiciels de surveillance indésirables	✔	✔	✔
Blocage des vers Internet au point d'entrée	✔	✔	✔
Empêchez les pirates d'accéder à votre ordinateur		✔	✔
Smart Startup Manager désactive le lancement de certains programmes inutiles au démarrage pour accélérer le démarrage des PC		✔	✔
La fonction de filtrage du spam intégrée permet de surveiller tous les messages		✔	✔
Un rapport mensuel récapitule en détail les activités de votre ordinateur comme les menaces bloquées, les tâches d'optimisation réalisées et les fichiers sauvegardés			✔
Sauvegarde et restauration			
Sauvegarde sur Blu-ray Disc, HD-DVD et iPod			✔
Inclut 2 Go de stockage en ligne			✔
Protège tout ce à quoi vous tenez (photos, musique, documents, vidéos, etc.) dans un endroit délocalisé et sécurisé			✔
Une fois votre installation terminée, vos fichiers sont automatiquement sauvegardés			✔

Annexe 1 : Courrier de désengagement

MJC CENTRE SOCIAL
Portes-lès-Valence

Centre culturel Aragon
Rue Louis Aragon – 26800 PORTES-LÈS-VALENCE

ACTIVITÉ 2 ›› ÉTABLIR UN RELEVÉ DES BESOINS EN MATIÈRE D'ANTIVIRUS

Situation 3.1.2

Complexités : – Technicité des contrats
– Multiplicité des contrats, des abonnements et des licences
– Changement de prestataire

Aléas : – Contrats, abonnements, licences multiples et redondants
– Dépassement des budgets de maintenance, d'abonnements et dee licences informatiques

Nous disposons d'un budget de 300 euros par an pour la protection de nos ordinateurs. Trois antivirus ont été sélectionnés.

Après avoir pris connaissance des documents 2, 3, 4 et 5 et recherché les informations nécessaires sur Internet (www.bitdefender.fr), vous compléterez l'Annexe 2 et proposerez une solution adaptée aux besoins de l'association.

Et pour terminer, vous remplirez le formulaire d'abonnement (Annexe 3) et répondrez aux questions que se pose Mlle Despesse sur les conditions générales de vente (Annexe 4).

DOCUMENT 4

Marque d'antivirus	Versions	Prix HT	Nombre de PC	Firewall	Anti phishing	Sauvegarde données	Antivol	Anti spyware	Contrôle parental	Antispam
KASPERSKY 3.4/5 (9 votes) Accès au site	Kaspersky® PURE 3.0	79,95 €	3	✓	✓	✓	✗	✓	✓	✓
	Kaspersky® Internet Security 2014	69,95 €	3	✓	✓	✗	✗	✓	✗	✓
	Kaspersky® Anti-Virus 2014	39,95 €	3	✗	✓	✗	✗	✓	✗	✗
	Kaspersky® Internet Security Multi-Device	69,95 €	5	✗	✓	✓	✗	✓	✗	✗
	Kaspersky® SECURITY pour Mac	39,95 €	1	✗	✓	✓	✗	✓	✗	✗
	Kaspersky® Mobile Security	29,95 €	1 Smartphone	✓	✗	✗	✓	✗	✓	✓
	Kaspersky® Tablet Security	19,95 €	1 tablette	✓	✗	✗	✓	✗	✓	✓
	Kaspersky® Small Office Security	167,18 €	5 + 1 serveur	✓	✓	✓	✓	✓	✓	✗
	Kaspersky® WorkSpace Security	280,00 €	10	✓	✓	✗	✓	✓	✓	✗
	Kaspersky® BusinessSpace Security	418,00 €	10 + 1 serveur	✓	✓	✓	✓	✓	✓	✗
	Kaspersky® EnterpriseSpace Security	539,00 €	10 + 1 serveur + 10 BAL	✓	✓	✓	✓	✓	✓	✗
AVIRA 0.0/5 (0 votes) Accès au site	Avira Internet Security Plus 2013	54,95 €	1	✓	✓	✓	✓	✓	✓	✓
	Avira Internet Security 2013	39,95 €	1	✓	✓	✓	✗	✓	✓	✓
	Avira Antivirus Premium 2013	19,95 €	1	✗	✓	✓	✗	✓	✗	✗
	Avira Small Business Security Suite	160,20 €	3	✓	✓	✓	✗	✓	✓	✓
	Avira Professional Security	26,30 €	1	✗	✓	✗	✗	✓	✗	✗
	Avira Server Security	80,70 €	3	✗	✗	✗	✗	✓	✗	✗
	Avira Business Security Suite	178,20 €	3	✓	✓	✓	✓	✓	✓	✓
	Avira Endpoint Security	115,50 €	3	✓	✓	✓	✗	✓	✓	✓
PANDA SECURITY 5.0/5 (1 vote) Accès au site	Panda Global Protection 2014	61,99 €	3	✓	✓	✓	✗	✓	✓	✓
	Panda Internet Security 2014	51,99 €	3	✓	✓	✓	✗	✗	✓	✓
	Panda Antivirus Pro 2014	34,99 €	3	✓	✓	✗	✗	✗	✗	✗
	Panda Antivirus for Mac	49,99 €	1	✗	✗	✗	✗	✓	✗	✓
	Panda Cloud Antivirus – Version PRO	29,99 €	1	✓	✓	✓	✗	✓	✗	✓

www.le-meilleur-antivirus.fr

Document 5

Attribution de licence	Contenu de la licence

Attribution de licence

- ✔ 1 utilisateur = 1 PC
- ✔ Durées des licences : 1, 2 ou 3 ans
- ✔ Économies réalisées en cas de renouvellement de la licence

Contenu de la licence

- ✔ Mises à jour/Mises à niveau gratuites pendant la durée de la licence par téléchargement
- ✔ Gold Support : support en anglais ou en allemand 8 × 5 (CET)
- ✔ Logiciel et documentation à télécharger

En option

- ✔ Platinum Support : support 24 h / 24 × 7 j / 7 par téléphone et par email (disponible pour des commandes d'une valeur minimale de 5 000 euros)

www.avira.com

Annexe 2 : Tableau comparatif des offres

	Bitdefender Total Security Entreprise	Kapersky intenet security 2013	Avira small business security
Principales fonctionnalités	....	....	....
Les plus	....	....	....
Les moins	....	....	....
Durée	....	....	....
Nombre de postes couverts	....	....	....
Prix	....	....	....
Prix pour 16 postes/an	....	....	....
Antivirus sélectionné	....	....	....
Justification du choix	....	....	....

LEXIQUE

Firewall :

....

....

Antiphishing :

....

....

Antispyware :

....

....

Antispam :

....

....

Annexe 3 : Formulaire d'abonnement

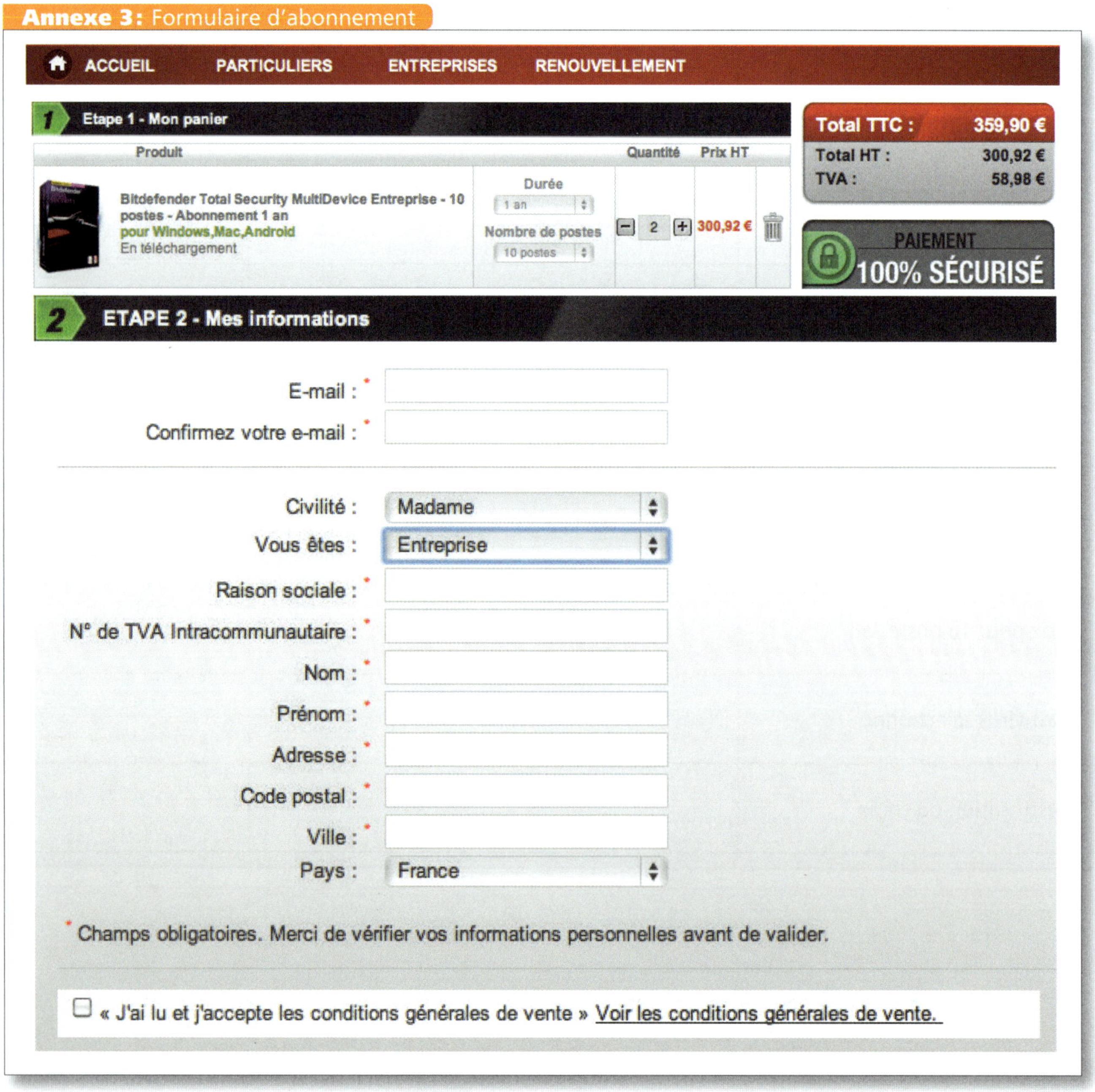

Annexe 4 : Extrait des conditions générales de vente

3. Commande

Nos offres de produits sont valables tant qu'elles sont visibles sur le site. Le clic de validation du consommateur au titre du bon de commande constitue une signature électronique qui a, entre les parties, la même valeur qu'une signature manuscrite. Tous les échanges relatifs aux commandes effectuées seront conservés dans les systèmes informatiques et par la même seront considérés comme des preuves de communication, des commandes et des paiements faits entre les parties. Les bons de commande et les factures archivés pourront être produits à titre de preuve conformément à l'article 1148 du code civil.

Pour passer commande, le client doit obligatoirement :

1. Remplir la fiche d'identification (coordonnées, adresse e-mail, ...). Un formulaire en ligne lui permet de remplir les différentes informations minimum nécessaires à la validation de sa commande.
2. Remplir le bon de commande en ligne en indiquant précisément la quantité, la marque, le type et les références des produits choisis ainsi que le prix convenu et les conditions de paiement.
3. Valider la commande après l'avoir vérifiée.
4. Valider son acceptation des conditions générales de vente par le cochage d'un bouton ; un numéro de commande est aussitôt attribué à sa transaction.
5. Effectuer le paiement dans les conditions prévues. La facturation comprend le détail du prix de chaque produit HT avec, le cas échéant, le montant de la TVA calculée sur le total HT et incluse dans le total TTC.
6. Dès validation du paiement, la commande est enregistrée. Toute commande enregistrée vaut acceptation du prix et de la description du produit sur catalogue. Le Client reçoit instantanément un courrier électronique l'informant que sa commande a été enregistrée. L'enregistrement ne vaut pas acceptation. Il signifie que la commande est en cours d'examen par le Service Client au regard du contenu de la commande et de l'historique du client, dans le cadre de l'article 1.2. Dans le cas où la commande ne pourrait pas être honorée pour motif légitime, le service client en informera le client par courrier électronique.

6. Réception des Produits / Droit de rétractation / Modalités de retour

6.1 Le Client doit impérativement vérifier la conformité de la marchandise livrée avant la signature du bon de livraison. En cas d'anomalie, le Client indiquera ses réserves manuscrites accompagnées de sa signature directement sur le document de livraison (anomalie, produit endommagé...). Le Client devra également confirmer les réserves au transporteur au plus tard dans les trois jours ouvrables suivant la réception du ou des articles et transmettre une copie de ce courrier à Eptimum -- Service Clientèle 49, rue de la Vanne 92120 Montrouge dans un délai de trois jours suivant l'envoi.

6.2 Dans le cadre de produits physiques, le client dispose d'un délai de rétractation de 7 jours francs à compter de la livraison des marchandises pour retourner le ou les produit(s) et en demander le remboursement sans pénalités à l'exception des frais de retour. Si ce délai expire un samedi, dimanche ou jour férié ou chômé, il est prorogé jusqu'au 1er jour ouvrable suivant. Les frais et les risques de retour sont toujours à la charge du Client.

6.3 Les commandes relatives aux produits dématérialisés ne peuvent être annulées selon l'article de loi L. 121-20-2 du code de la consommation relatif au droit de rétractation.

6.4 Dans le cadre d'une annulation de la commande par le client, et avec accord préalable du service clientèle d'Eptimum, ce dernier doit faire parvenir à Eptimum par courrier postal un formulaire téléchargeable en ligne mentionnant les noms, prénom et numéro de facture à l'adresse suivante :

Eptimum – Service Clientèle
49, rue de la Vanne
92120 Montrouge
France

11. Propriété intellectuelle

Les licences d'exploitation des logiciels distribués par le réseau Eptimum sont accordées aux clients à titre non exclusif, personnel et non transmissible, conformément au Code de la Propriété Intellectuelle. En tout état de cause, le client s'engage à respecter le droit de propriété que l'auteur du logiciel conserve sur son œuvre.

Qu'est-ce que la propriété intellectuelle ?

....

....

....

....

Quel est le délai de rétractation pour cette vente ?

....

....

....

....

À partir de quel moment la commande est enregistrée ?

....

....

....

....

Que doit-on faire lors de la livraison de la commande ?

....

....

....

....

Quelles sont les obligations du vendeur lors de la vente ?

....

....

....

....

Quelles sont les obligations de l'acheteur ?

....

....

....

....

Que signifie le fait de cocher la case « j'ai lu et accepte les conditions de vente » ?

....

....

....

....

LE CAMION SCRATCH

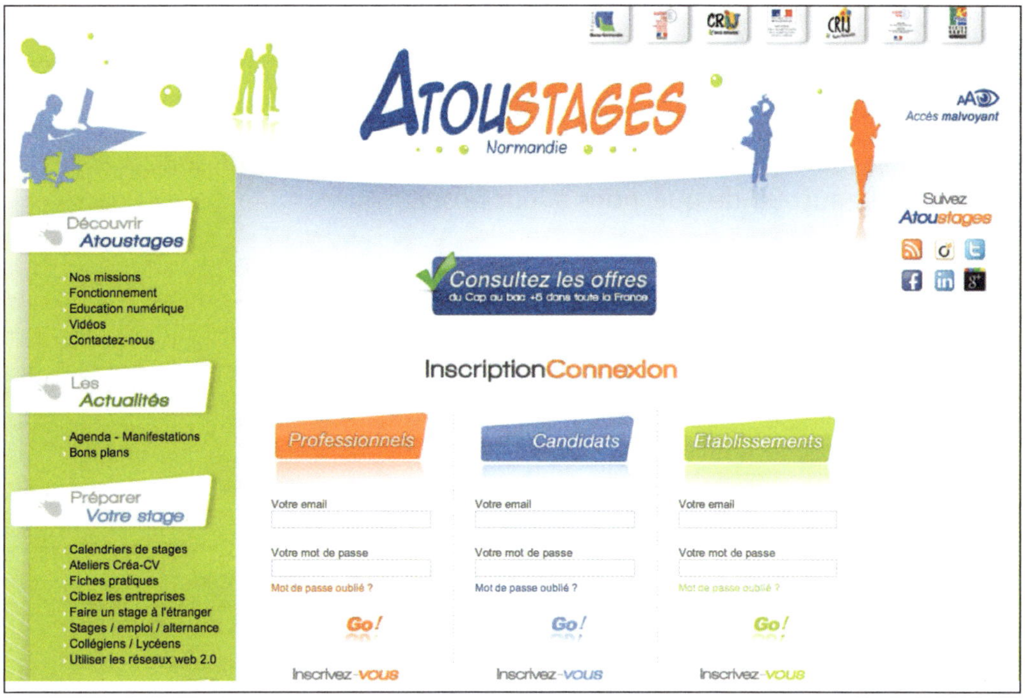

Mise en situation

En vous connectant sur « atoustages.com » vous avez répondu à une offre de stage ainsi libellée :

« Association recherche personne motivée pour assurer le suivi administratif d'un projet dans le domaine musical ».

Renseignement pris, il s'agit d'accompagner le projet de création d'une association qui va proposer de développer le DJing grâce à un camion itinérant auprès de jeunes.

Les initiateurs sont une bande de copains, tous sont DJs amateurs ou baignent dans la culture Hip-Hop. Leur idée est d'équiper un camion de platines vinyles pour créer une école de DJing itinérante.

Ce projet vous a emballé, vous êtes prêt(e) à foncer !

Après un entretien à la MJC où se retrouve l'équipe du projet, votre convention de stage est signée. Vous voilà « ***Gestionnaire administratif stagiaire de projet culturel*** »… En avant !

CAMION SCRATCH 1

» » MISE EN PLACE DU PROJET

I – Décrire le projet

Pour votre premier jour de stage, vous avez rendez-vous avec Nordine et Yonas qui sont chargés de vous piloter. Vous avez bien sûr beaucoup de questions à leur poser.

Vous allez devoir dans un premier temps rédiger une présentation du projet.

L'objectif c'est de mettre le DJing (mix & scratch) à la portée de tous.
En fait ce que nous voulons c'est créer une école de DJing itinérante, gratuite ou presque.
On va impliquer des DJs expérimentés qui pourront transmettre leur savoir aux jeunes. On va aussi apporter un certain encadrement pour que ça se passe bien.

On va acheter un camion d'occase, l'équiper et organiser une tournée dans toute la région.
L'objectif est de rendre accessible à un large public de jeunes la culture du « DJing » en mettant à disposition du matériel (platines vinyles, disques, tables de mixage, ordinateurs...)
Nous irons à la rencontre des jeunes, non seulement dans les quartiers difficiles, mais aussi dans les zones rurales, les hôpitaux, les écoles...
On pourrait avoir en moyenne dix participants par atelier et par demi-journée.

Ils sont bien gentils mais vous avez du mal à tout comprendre... Un petit tour sur Internet pour une formation accélérée en culture Hip-Hop, car maintenant il va falloir écrire !

PRÉSENTATION DU PROJET « CAMION SCRATCH »

Le mouvement Hip-Hop (origine et disciplines)

....

Le projet du « CAMION SCRATCH » présenté par Nordine et Yonas

....

II – Mettre en place le projet : de la conception à la mise en œuvre du projet

Un projet peut prendre diverses formes, impliquer divers acteurs et doit répondre à un ou des besoins ou objectifs précis dans un temps donné avec des moyens financiers ou matériels déterminés. Un projet par définition se situe donc dans le temps avec une date de début et une date de fin.

Il est important de se poser quelques questions d'usage avant de débuter le projet, par exemple :

1 - Qui va piloter le projet ?

Définir les acteurs directs ou indirects au projet, définir une instance de pilotage, nouer des partenariats...

2 - Comment et avec qui seront réalisées les actions à mener ?

Mobiliser des compétences, assurer la coordination et le suivi.

3 - Comment évaluer les actions menées ?

Mettre en œuvre des outils de suivi et d'évaluation des actions menées.

D'une manière générale, comme dans tous les projets il est important de répondre au « QQOQCCP » :

QQOQCP	Description	Questions à se poser	Eléments à prendre en compte
Quoi ?	Description de la situation ayant amené la création du projet	De quoi s'agit-il ?	Objet du projet, actions à mettre en œuvre
Qui ?	Les acteurs du projet, les intervenants, les partenaires et les destinataires du projet	Qui est concerné ? Qui bénéficie du projet ?	Des bénévoles, le bureau de l'association, les maires...
Où ?	Lieux d'intervention	Où le projet se déroule-t-il ?	Communes Camion
Quand ?	Durée du projet, fréquence	Combien de sessions, quelle durée ?	Planning, durée, dates...
Comment ? Combien ?	Moyens techniques, humains et financiers à mettre en œuvre	De quelle manière ? Selon quelles modalités ?	Matériels, budget, partenaires, autorisations...
Pourquoi ?	Description des objectifs visés à plus ou moins long terme	Quel sont les buts, les finalités et les objectifs visés ?	Évaluation des actions, le ou les objectifs sont-ils atteints ?

Le « QQOQCCP » appliqué au projet « CAMION SCRATCH »

QQOQCP	Description	Questions à se poser	Eléments à prendre en compte
Quoi ?			
Qui ?			
Où ?			
Quand ?			
Comment ? Combien ?			
Pourquoi ?			

III – Planifier les actions à mettre en œuvre

En qualité de Gestionnaire administratif, vous devez participer tant à la conception qu'à la mise en œuvre de ce projet. Une de vos priorités est donc le recensement et l'ordonnancement des tâches à réaliser.

Vous utilisiez jusqu'à présent les listes de contrôle afin d'ordonner les différentes tâches à accomplir dans l'élaboration d'un projet.

Vous allez découvrir un outil complémentaire aux listes de tâches, le diagramme de Gantt qui permet d'avoir une représentation graphique des actions à mener. Pour cela, nous vous conseillons l'utilisation du logiciel libre GanttProject que vous pourrez télécharger gratuitement (http://www.ganttproject.biz/download).

Après avoir défini la liste de contrôle du projet, utilisez le logiciel afin de représenter graphiquement les différentes tâches à accomplir dont les durées vous sont données à titre indicatif.

Titre du projet : « CAMION SCRATCH »

N°	Tâches à réaliser	Durée
1	Créer l'association	60 jours
2	Rechercher des partenaires	60 jours
3	Prendre contact avec les communes ou les collectivités pouvant accueillir le camion	30 jours
5	Acheter le matériel	15 jours
6	Aménager le camion	10 jours
7	Réaliser le tutoriel vidéo	10 jours
8	Intervenir dans le cadre de la fête de la musique	1 jour
9	Solliciter les autorisations administratives	20 jours
10	Organiser la tournée	10 jours
11	Éditer les montages vidéo	20 jours

CAMION SCRATCH 3 ›› LA CRÉATION D'UNE ASSOCIATION

UNE STRUCTURE D'ACCUEIL POUR LE PROJET : L'ASSOCIATION LOI 1901

Avant de lancer le projet, il est important de comprendre que des actions lancées dans le cadre d'un tel projet doivent être en lien avec une structure. Cette structure, l'association, permettra d'avoir une existence légale, de gérer un budget et d'obtenir, le cas échéant, des subventions.

Nous allons créer l'association en 5 étapes.

> ***Pour aller plus loin...***
> N'hésitez pas à consulter le site du Service Public :
> http://vosdroits.service-public.fr/associations/N20.xhtml.

La déclaration doit contenir nécessairement :
- le titre de l'association tel qu'il figure dans ses statuts, éventuellement suivi de son sigle,
- l'objet de l'association,
- l'adresse du siège social,
- les nom, profession, domicile et nationalité des personnes en charge de l'administration,
- un exemplaire des statuts signés par au moins 2 personnes en charge de l'administration,
- un compte-rendu (souvent appelé procès-verbal) de l'assemblée constitutive, signé par au moins une personne en charge de l'administration.

› 1 - Rédiger les statuts de l'association

Vous pouvez trouver sur Internet de nombreux exemples de statuts. Dans votre répertoire de travail, un exemple de statut d'association est disponible.
Veuillez prendre connaissance de ce document et complétez-le en l'adaptant à la situation donnée.

› 2 - Choisir le nom de l'association

Votre association doit être nommée : le nom ou le sigle choisi doit répondre et respecter quelques règles :
- ne pas utiliser le nom d'une personne physique sans son accord,
- ne pas dépasser 250 caractères espaces compris,
- ne pas comporter des termes dont l'usage est réservé : fondation, mutuelle...,
- ne pas prêter à confusion avec le nom d'une entreprise, d'une collectivité, d'une autre association ou de tout autre organisme.

> ***Pour aller plus loin...***
> Attention : il est important de vérifier que le nom retenu n'est pas déjà utilisé par une autre association, voire toute autre organisation déjà existante. Pour vous en assurer, vous pouvez effectuer des recherches :
> - pour les associations : http://www.journal-officiel.gouv.fr/association/index.php,
> - pour les entreprises : https://www.infogreffe.fr/societes/documents-officiels/demande-kbis.html,
> - ou plus simplement dans un moteur de recherche comme Google par exemple.

Nom proposé pour l'association : ....

› 3 - Déterminer le siège social

Le siège social d'une association peut-être :
- le domicile d'un des membres,
- un local mis à disposition par une municipalité,
- un local loué pour les besoins de l'association.

Dans le cas précis, quel pourrait-être le siège social de cette association ?

Raison sociale : ....

Adresse : ....

Code Postal : .... Ville : ....

› 4 - Organiser une assemblée générale constitutive

Afin de valider tous les travaux précédents, il est nécessaire d'organiser une assemblée générale constitutive.
Pour ce faire, les membres de l'association doivent se réunir afin de voter pour distribuer l'ensemble des rôles.

Vous suivez les deux étapes ci-après.

Étape 1 : rédigez et présentez la lettre-type à envoyer aux membres de l'association en y intégrant l'ordre du jour.

Étape 2 : rédigez le compte rendu de l'assemblée générale (un secrétaire de séance doit être nommé afin de rédiger le compte-rendu de cette réunion).

5 - Déclarer son association aux instances concernées

Étape 1 : prenez connaissance du guide explicatif (page 3 du document Cerfa 13973*03) et répondez aux questions suivantes :

Où allez-vous adresser votre formulaire dûment rempli ?

....

....

....

Que permet cette déclaration ?

....

....

....

Étape 2 : complétez le formulaire Cerfa n° 13973*03 disponible dans votre répertoire de travail.

> ***Pour aller plus loin...***
> En droit des associations, une association loi de 1901 est, en France une association à but non lucratif qui relève de la loi du 1er juillet 1901 mise en place par Waldeck-Rousseau (ancien ministre de l'Intérieur, alors président du Conseil) et du décret du 16 août 1901 :
> http://vosdroits.service-public.fr/associations/F3109.xhtml
>
> Économie-Droit : Thème 1.2 Les organisations

Étape 3 : à l'issue de l'assemblée générale constitutive, vous allez maintenant pouvoir compléter le formulaire Cerfa 13971*03_membres_assos (fourni par votre enseignant) avec la liste des personnes élues.

LA PROMOTION DU PROJET : UTILISATION DES RÉSEAUX SOCIAUX

Ultime étape : faire la promotion de l'association.

Pour cela, vous connaissez les supports conventionnels : affiches, flyers, presse, radio... Vous allez maintenant en utiliser de nouveaux qui permettent de toucher un large public et ce, à moindre coût : les blogs et les réseaux sociaux.

- Le blog : créer un blog et publier des articles par exemple http://www.planete-auto-entrepreneur.com/guide-de-creation-dun-blog-pro.html.
- Constituer une base de données d'adresses de messagerie électronique et créer une newsletter.
- Utiliser les réseaux sociaux : Twitter et Facebook.

LA RECHERCHE DE FINANCEMENTS POUR LE PROJET

L'association est créée, l'activité a désormais un cadre officiel. Mais pour mener à bien le projet, il faut maintenant trouver des aides financières.

I – Trouver des partenaires

› Quels sont les organismes présentés sur cette page ?

http://www.culturecommunication.gouv.fr

. . . .

www.erasmusplus-jeunesse.fr

. . . .

› Pourquoi l'association les a-t-elle choisis pour l'aider dans son projet ?

. . . .

. . . .

II – Présenter le dossier de demande de subvention

1 - Retirer le dossier pour une subvention publique

Un imprimé officiel (Cerfa n° 12156*03) est disponible en ligne. Il vous suffit de le télécharger.

Liberté • Égalité • Fraternité
RÉPUBLIQUE FRANÇAISE

Service-Public.fr
Le site officiel de l'administration française

Dossier de demande de subvention

Mise à jour le 21.08.2013 - Direction de l'information légale et administrative (Premier ministre)

Accéder au Formulaire
Ministère en charge de la vie associative

Cerfa n°12156*03

Permet à une association de transmettre une demande de subvention auprès d'une administration d'État.

Peut aussi être accepté par les mairies, conseils généraux ou régionaux, les établissements publics locaux et les agences régionales de santé (ARS).

La dispense de fourniture d'une copie des statuts et d'une liste actualisée des dirigeants pour les associations inscrites au RNA (cf. page 3) n'est valable que pour les dossiers de demande transmis à un ministère ou à un service déconcentré de l'État.

Nécessite la possession préalable d'un numéro Siret.

2 - Compléter l'imprimé de présentation de l'association

1-1. Présentation de l'association

I. Identification

Nom : ...

Sigle : ...

Objet : ...

Numéro Siret : |_|_|_|_|_|_|_|_|_|_|_|_|_|_|_|

Numéro RNA délivré lors de toute déclaration (création ou modification) en préfecture : |_|_|_|_|_|_|_|_|_|_|
(si vous ne disposez pas de ces numéros, voir p. 2)

Date de publication de la création au Journal Officiel : |_|_|_|_|_|_|

Pour une association régie par le code civil local (Alsace-Moselle), date de publication de l'inscription au registre des associations : |_|_|_|_|_|_|

Activités principales réalisées : ...

Adresse du siège social : ...

Code postal : ... Commune : ...

Téléphone : ... Télécopie : ...

Courriel : ...

Site internet ...

Adresse de correspondance, si différente du siège : ...

Code postal : ... Commune : ...

L'association est-elle (cocher la case) : nationale ☐ départementale ☐ régionale ☐ locale ☐

Union, fédération ou réseau auquel est affiliée votre association *(indiquer le nom complet, ne pas utiliser de sigle).*

...

Votre association a-t-elle des adhérents personnes morales : non ☐ oui ☐ Lesquelles?

...

3 - Rédiger la demande

L'organisme qui peut vous apporter une aide a besoin de bien connaître votre projet ; il faut donc être précis et apporter un soin tout particulier à la rédaction du document.

À partir des discussions avec les membres de l'association, rédigez une demande d'aide motivée. Elle sera revue par la présidente et le trésorier de l'association.

Le Hip-Hop est un mouvement culturel qui s'est démocratisé mais l'accès aux platines reste encore difficile pour les jeunes non fortunés ou éloignés des centres urbains.
L'idée est de développer l'accessibilité au matériel.

Il faut demander une aide pour l'achat de matériel.
En plus du camion, il faut des platines vinyles, des tables de mixage, des ordinateurs portables, des casques...
On tournera dans la région, on ne peut pas aller trop loin pour commencer.

III – Préparer le budget prévisionnel

1 - Solliciter des devis et comparer les fournisseurs

Les membres du bureau vous ont confié comme mission de préparer l'acquisition du matériel qui va équiper le « CAMION SCRATCH ». Ils vous ont remis une première liste de matériel indispensable. Il reste à l'affiner avant d'entreprendre une comparaison de fournisseurs.

Liste du matériel à acquérir pour équiper le camion

Matériel	Quantité
Platine vinyle à entrainement direct avec cellule et diamant	4
Table de mixage adaptée au scratch	3
Vinyles de scratch – Breakbeat	10
Logiciel Serato RANE	1
Ordinateur supportant Serato (4 Go mémoire / HD 500 Go)	1
Netbook	2
Système de sonorisation (ampli + enceintes)	1
Casque audio	5

Étape 1 : recherchez des sites de vente de matériel de DJ et vérifiez s'ils disposent du matériel voulu.

Exemples

__Chez Star's Music à Paris__

Platine vinyle à entraînement direct Audio Technica ATLP120 USBC. 3 vitesses, fonctionnement entièrement manuel. Livré avec cellule AT95EBL !

AUDIO-TECHNICA ATLP120 USBC : 279,00 €

__Chez centralsono.com__

Logiciel pour DJ avec carte son 2 entrées/sorties pour le mix et le scratch « Rane SERATO Scratch Live SL2 » : 539,00 € TTC

__Chez Boulanger__

Ordinateur Ultra portable TOSHIBA L40t-A-108

Processeur : Intel Core i3 Ivy Bridge, Mémoire vive : 6 Go **699 €**

Étape 2 : afin de pouvoir établir des comparaisons, recherchez les fournisseurs disposant de produits similaires (limitez-vous à 3 fournisseurs).

Matériel	Fournisseur 1 :		Fournisseur 2 :		Fournisseur 3 :	
	Marque/Référence	Prix	Marque/Référence	Prix	Marque/Référence	Prix
Platine vinyle à entraînement direct avec cellule et diamant						
Table de mixage adaptée au scratch						
Vinyles de scratch – Breakbeat						
Logiciel Serato RANE						
Ordinateur supportant Serato						
Netbook						
Système de sonorisation (ampli + enceintes)						
Casque audio						

! Attention : vous devez trouver des produits comparables même si les marques et les références ne sont pas identiques.

! Si un fournisseur ne dispose pas de l'ensemble des produits, vous pourrez éditer des commandes partielles.

Étape 3 : à partir des informations dont vous disposez, préparez les bons de commande.

› 2 - Présenter le plan de financement du projet

Il vous est demandé de compléter le « Plan de financement prévisionnel du projet » figurant sur la page suivante.

Ce document est nécessaire pour demander une subvention d'investissement auprès de la Direction régionale des affaires culturelles (Ministère de la Culture et de la communication).

Pour cela vous disposez :
- du montant des achats de matériel auprès des fournisseurs que vous avez sélectionnés précédemment,
- des informations sur les autres dépenses et le montant des subventions sollicitées figurant ci-après.

Investissement ou fonctionnement ?

- Une subvention d'investissement sera sollicitée pour un équipement en matériel, machines, terrain...
- La subvention de fonctionnement sera destinée à aider l'association pour le fonctionnement quotidien : frais de personnel, déplacements...
- Pour solliciter une subvention de fonctionnement, il est généralement nécessaire de produire un « Compte de résultat prévisionnel » (formulaire Cerfa n° 12156*03) ou « Budget prévisionnel de fonctionnement ».

Achat et entretien du « CAMION SCRATCH »

- Le camion est un Peugeot J5 aménagé pour une entreprise de portes et fenêtres ; il a été acheté d'occasion pour un montant de 3 800 €.
- Les frais d'aménagement s'élèvent à 1 350 €.
- Les travaux d'entretien (mécanique, freins) s'élèvent à 2 100 €.

Les subventions déjà obtenues ou en cours d'obtention pour l'investissement sont :

- Conseil Régional de Basse Normandie : 2 000 €
- Conseil Général du Calvados : 500 €
- Communauté d'agglomération de Caen la mer : 500 €
- Union européenne : 2 000 €

PLAN DE FINANCEMENT PRÉVISIONNEL DU PROJET

DÉPENSES	MONTANT (HT)	MONTANT (TTC)	RESSOURCES	MONTANT	%
Acquisitions immobilières			**Aides publiques (sous-total)**		
Travaux			• Union européenne		
Matériel			• État		
> Camion			• Collectivités territoriales et leurs groupements		
> Platines et matériel de sonorisation			> Région		
			> Département		
Prestations intellectuelles			> Communes (ou groupements de communes)		
			> Établissements publics		
Autres			> Autres		
			Autofinancement (sous-total)		
			> Fonds propres		
À déduire (s'il y a lieu) : recettes nettes générées par l'investissement			> Emprunts		
			> Crédit-bail		
			> Autres		
TOTAL			**TOTAL**		

D'après : Demande de subvention d'investissement - Ministère de la Culture et de la Communication. http://www.culturecommunication.gouv.fr

! Le total des dépenses doit être égal à celui des ressources.

L'ORGANISATION DE LA TOURNÉE DU « CAMION SCRATCH »

I – Organiser la tournée régionale

http://education.ign.fr, IGN2012 - Licence ouverte

1 - Établir la fiche de tournée

En règle générale, les animateurs du projet souhaitent organiser 2 ateliers (dans 2 villes différentes) à chaque sortie du « CAMION SCRATCH ».

Les villes sélectionnées sont : **Alençon, Bayeux, Bricquebec, Coutances, Flers, Isigny/Mer, Lisieux, Pont L'Evêque, Saint Lô, Sées, Tourlaville, Vire**.

En vous aidant d'une carte, vous devez associer les villes 2 par 2 en fonction de leur proximité, estimer les temps de parcours, et remplir la fiche de tournée (document 1 ci-après)[1].

À chaque sortie, la fiche de tournée doit être remplie par le chauffeur du véhicule qui vous la remet pour classement.

1. Chaque élève renseigne 1 fiche de tournée pour 2 villes.

TOURNÉE du « CAMION SCRATCH »	Date :	Destination :
Tâches		**Horaires**
Vérification du camion et du matériel		8 h 30
Départ de CAEN		9 h 00
Arrivée dans la ville de...		
Atelier scratch : 3 × 0 h 30		
Rangement : 30 minutes		
Pause déjeuner : 1 heure		
Départ de la ville 1		
Arrivée dans la ville 2		
Atelier scratch		
Rangement		
Départ de la ville 2		
Arrivée à CAEN		

2 - Traiter les autorisations administratives : organiser une manifestation sur la voie publique

QUE DIT LA LOI ?

Si une association prévoit d'organiser un événement impliquant une occupation temporaire du domaine public, elle doit en demander l'autorisation aux autorités compétentes (mairie ou préfecture).

L'association doit rédiger une lettre de demande d'occupation temporaire du domaine public, qui précise :
- le but de la manifestation,
- l'emplacement (ou les emplacements) de la manifestation,
- le nombre de personnes attendues.

La lettre doit être signée :
- par le président ou par un membre de l'association ayant reçu délégation,
- et par 3 responsables de l'organisation concrète de l'événement, domiciliés dans le département où la manifestation commence.

À la lettre de demande d'autorisation doit être jointe la liste des membres de l'équipe d'organisation. Cette liste précise pour chaque membre son prénom, son nom et son domicile.

Dépôt de la demande

La lettre, accompagnée des autres pièces obligatoires, doit être déposée, en autant d'exemplaires que nécessaire, auprès des autorités suivantes :
- chaque maire concerné, lorsque l'événement a lieu pour tout ou partie sur le territoire d'une commune en zone gendarmerie,
- chaque préfet de département concerné, lorsque l'événement a lieu pour tout ou partie sur le territoire de communes en zone police nationale.

Le dépôt doit être réalisé dans des délais permettant son instruction et au plus tard 3 jours francs avant la date de la manifestation (même en cas d'urgence).

Instruction de la demande d'autorisation

L'autorité publique ayant reçu la demande d'autorisation délivre immédiatement un récépissé.

Elle examine ensuite le dossier en concertation avec l'association et tous les pouvoirs publics concernés.

L'autorité publique vérifie que l'association :
- fait preuve de bon sens dans la conception de l'événement pour assurer la sécurité des biens et des personnes,
- fait attention à ce que le secours reste facile à apporter (relation avec les pompiers, mise en place éventuelle d'un poste de secours…),
- démontre que les installations éventuellement prévues (tentes, enceintes, gradins, scènes, manèges…) répondent toutes aux obligations légales et réglementaires.

L'autorité peut demander à ce que l'association prouve qu'elle a pris toutes les garanties d'assurance utiles.

À savoir : le fait d'organiser une manifestation publique sans autorisation ou d'avoir faussé une déclaration pour obtenir l'autorisation, est puni de 6 mois d'emprisonnement et de 7 500 € d'amende.

http://vosdroits.service-public.fr

SOLLICITER L'AUTORISATION ADMINISTRATIVE

Étape 1 : préparez le courrier.

Qui sont les demandeurs ?

....

Définir précisément la manifestation :

....

....

....

Solliciter l'autorisation d'occupation temporaire du domaine public en communiquant :

- les horaires exacts de début et de fin ....
- le lieu exact (place, rue, parc, aux abords d'un bâtiment public...) ....

Estimer le nombre de personnes susceptibles d'être rassemblées (éventuellement à l'extérieur du « CAMION SCRATCH ») :

....

....

Pour savoir si la commune dépend de la police (écrire au préfet), ou de la gendarmerie (écrire au maire) effectuer une recherche sur http://www.gendarmerie.interieur.gouv.fr/fre/Sites/Gendarmerie/Contacts/Trouver-ma-gendarmerie.

Courrier à adresser à :

....

....

Liste des signataires :

....

....

....

Étape 2 : rédigez le courrier de demande d'autorisation sur la page suivante.

2e démarche : Demander une attestation d'assurance pour la manifestation

- S'assurer que son contrat couvre bien la manifestation, sinon demander un avenant à l'assureur.
- Vérifier la date de mise en œuvre de l'assurance.
- Préparer un courrier de demande auprès de la compagnie d'assurance.

II – Participer au Festival « THE GREAT ESCAPE »

Grace aux contacts pris en Angleterre le « CAMION SCRATCH » est sollicité par The Great Escape, Festival de BRIGHTON en Angleterre pour plusieurs animations.

Dans cette partie, vous aurez à :

1. rédiger un email (en anglais) pour accepter l'engagement,
2. estimer les coûts de déplacement,
3. réaliser un devis.

Prenez connaissance du document ci-contre et répondez aux questions suivantes :

Qui organise ce festival ?

....

Pouvez-vous retrouver son adresse postale à LONDRES ?

....

....

Dans quelle catégorie musicale le « CAMION SCRATCH » va-t-il s'inscrire ?

....

....

The Great Escape Festival is a major three days music festival owned by MAMA & Company and held in the city of Brighton every year in May. It showcases new music from a variety of genres. The festival was founded in 2006 and roughly hosts 300 bands across 30 venues throughout the city.

Location(s)
Brighton and Hove, England, UK

Genre
Rock, Alternative rock, Indie rock, Punk rock, Hard rock, Dance music, Techno, Electronic, Acoustic, Hip hop

Website
http://mamacolive.com/thegreatescape/

Thank you to everyone who volunteered at TGE 2014. Everyone of you helped to make this year's festival the best yet. Volunteer Registration will re open early 2015.

Each year we offer over 300 volunteers the chance to gain firsthand experience of life working in the music industry with a variety of roles over the course of The Great Escape festival.

To get the latest information on volunteering at TGE join our volunteer Facebook page.

If you have any queries about volunteering at TGE you can contact **volunteer@escapegreat.com** and one of our team will get back to you.

1 - Accepter l'engagement par email

Vous acceptez l'engagement pour 2 animations à 21 h 00 et 23 h 00 dans les soirées du vendredi et du samedi soir. Vous indiquez qu'une facture proforma sera envoyée prochainement par courrier.

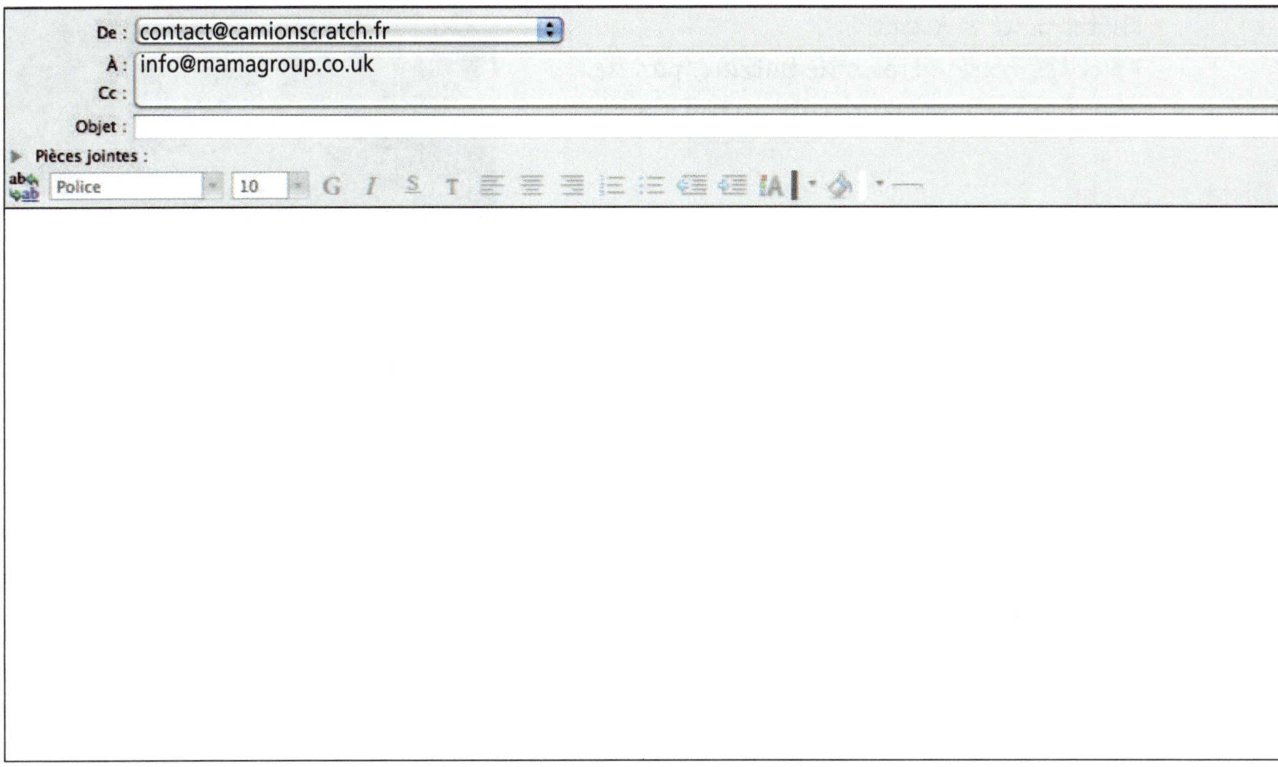

2 - Estimer les coûts de déplacement

Pour aller de CAEN à BRIGHTON, il y a deux solutions :
- en violet, le trajet : CAEN-OUISTREHAM-PORTSMOUTH-BRIGHTON,
- en rouge le trajet : CAEN-DIEPPE-NEWHAVEN-BRIGHTON.

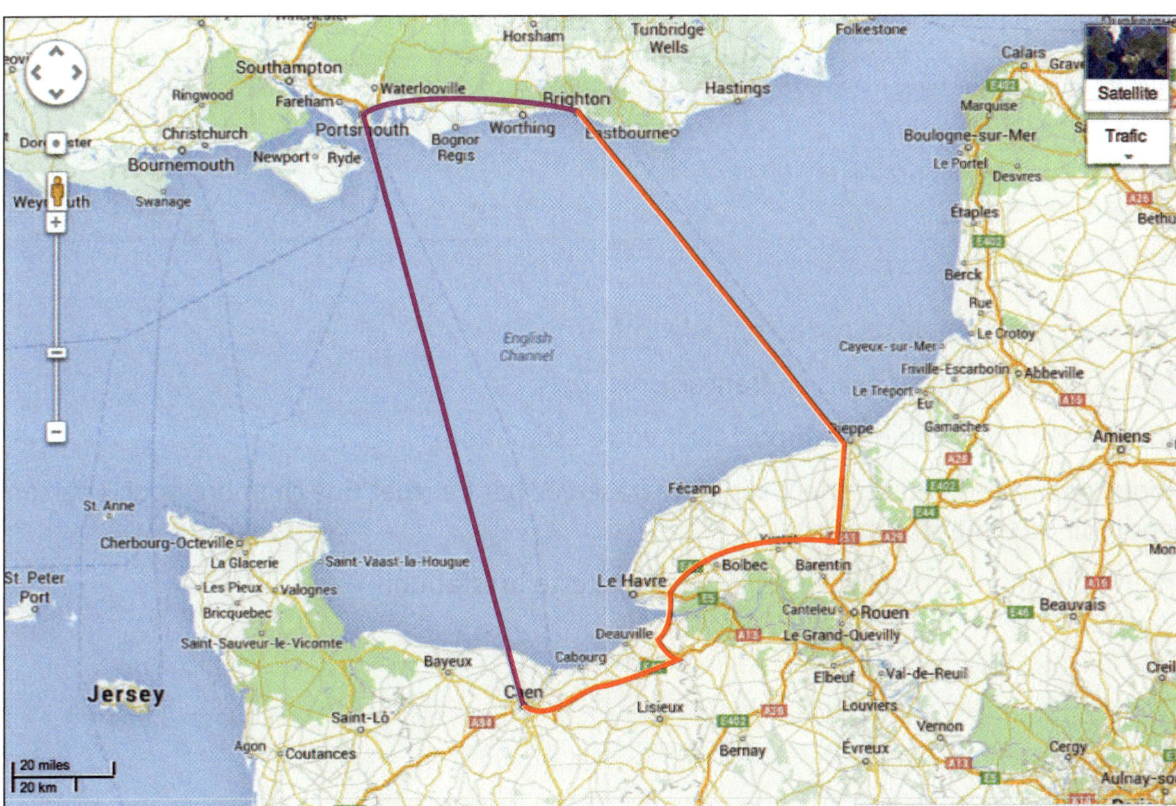

3 - Comparer les coûts de transport de CAEN à BRIGHTON

« Nous partirons le jeudi pour revenir le dimanche, il faut donc réserver l'hôtel pour 3 nuits.
Pour les réservations de bateau, pas de réservation trop matinale, merci ! »

• Distance en km

Trajet 1 : CAEN-DIEPPE-NEWHAVEN-BRIGHTON
Trajet 2 : CAEN-OUISTREHAM-PORTSMOUTH-BRIGHTON

• Les ferries

De DIEPPE à NEWHAVEN
De OUISTREHAM à PORTSMOUTH

• Le camion

Gabarit : hauteur : 2,50 m ; largeur : 2,20 m ; longueur : 5,50 m
Puissance : 10 CV fiscaux
Consommation de Gasoil : 10 litres/100 km

Établissez la comparaison des coûts de transport pour 3 passagers et le fourgon.

	By PORTSMOUTH	By DIEPPE
Km parcourus	=	=
Coût du carburant au km (Gasoil = 1,30 €)		
Coût du carburant pour le trajet		
Coût de la traversée en ferry aller + retour		
TOTAL		

4 - Réaliser le devis en adaptant un modèle utilisé en France

- Tarif de la prestation (voir devis en français),
- Remboursement des frais de transport (voir votre estimation),
- Remboursement de l'hébergement sur place (réservez par Internet une chambre pour 3 personnes du jeudi soir au dimanche matin).

Vous pouvez maintenant établir le devis précis de cette prestation.

Association
LE CAMION SCRATCH

FRANÇAIS

DEVIS N°

Messieurs,

Veuillez trouver ci-dessous le devis n° **(Numéro devis)** correspondant à la mise en place d'un ***ATELIER MIX & SCRATCH à bord de notre CAMION SCRATCH*** le **(date)** à **(lieu)** :

Prestation	Prix Unitaire	Quantité	Montant
Installation du matériel : 2 DJ SETS COMPLETS > 4 platines vinyles Technics MK2 SL 1200 + 2 tables de mixage + system audio HK + caméra/appareil photo **Animation DJ :** mise en place d'un atelier mix et scratch pendant 2 jours, INTERVENTION DE 2 DJS AMATEURS > accueil du public autour du CAMION SCRATCH, organisation de sessions de 20 minutes pour 6 participants à chaque session	1 500,00 €	1	1 500,00 €
Règlement par : ❏ Chèque à l'ordre de l'association ❏ Virement bancaire (nous contacter pour un envoi de RIB)	**TOTAL en Euros HT**		1 500,00 €
	TVA 20 %		néant
	TOTAL en Euros TTC		1 500,00 €

ENGLISH

COST ESTIMATE

Description	Unit Cost	Quantity	Amount
	TOTAL £		£

CAMION SCRATCH 6

RÉDIGER ET PRÉSENTER UN RAPPORT D'ÉTAPE

Après quelques mois de fonctionnement vient déjà le temps des premiers bilans.

Les membres du bureau de l'association vous sollicitent pour les aider à élaborer un rapport d'étape.

« Nous devons indiquer ce qui fonctionne bien et moins bien, de façon à améliorer notre pratique. Nous allons devoir également mobiliser de nouveaux partenaires pour développer le projet. Il est important de pouvoir leur communiquer des éléments sur l'avancement du projet ».

Votre responsable vous demande :

1. de recueillir des éléments pour réaliser un rapport d'étape,
2. de préparer un diaporama reprenant ces éléments.

LE RAPPORT D'ÉTAPE

Comme son nom l'indique, le rapport d'étape vise à marquer une étape dans le déroulement d'un projet. C'est une photographie à un instant donné. Il doit indiquer les points remarquables : les points positifs qu'il faudra conforter et les points négatifs qu'il faudra améliorer.

Préparer un rapport d'étape

Depuis le début des opérations un questionnaire est distribué aux participants pour recueillir leur avis et suggestions. L'exploitation de ce document permet de connaître la fréquentation et l'appréciation du « CAMION SCRATCH ».

• Résultats du questionnaire

Périodes	Nombre de participants	Souhaitent revenir	Souhaitent participer à des formations plus longues
Du 01/10 au 20/12	120	80	50
Du 06/01 au 05/03	130	90	60
TOTAL	250	170	110
Dont Scolaires	120	50	20

Par ailleurs, les remarques des animateurs DJs ont été consignées sur un cahier depuis le début des tournées ; c'est aussi un document important pour pointer les dysfonctionnements et les points à améliorer.

• Remarques des animateurs

À Cherbourg, les participants étaient enthousiastes mais nous n'avons pas pu satisfaire tout le monde. Beaucoup étaient finalement mécontents.

L'entretien du camion n'a pas été fait durant les premiers mois d'utilisation. il risque de nous lâcher…

La Ville de Flers nous demande de revenir dans 15 jours, mais nous avons déjà une autre animation prévue à Caen, le même jour. Comment faire ?

Il faudrait avoir des objets publicitaires à distribuer pendant les animations : des tee-shirts, des porte-clés « Camion Scratch ». Qui peut s'occuper d'en commander ?

L'animation du 25/01 à Bagnoles de l'Orne a été annulée au dernier moment car la demande d'autorisation n'avait pas été envoyée assez tôt en Mairie.

1 - Préparer la rédaction du rapport d'étape

Titre du projet :

Noms des auteurs :

Durée du projet :

Objectif(s) :

Résumé du projet :

Résultats obtenus :

Difficultés rencontrées :

Éléments justificatifs pour la poursuite du projet :

Ajustements et modifications prévus :

2 - Réaliser un diaporama

L'équipe du « CAMION SCRATCH » doit soutenir le projet devant un jury de chefs d'entreprise représentant une fondation pour le mécénat culturel.

Leur porte-parole vous demande de lui préparer un diaporama de quelques diapos (entre 6 et 8) qui lui servira de support pour son intervention.

Réfléchissez au plan de votre diaporama :

- Le projet,
- Les faits saillants depuis le lancement de l'action,
- Le budget,
- Les développements envisagés,
- Les besoins.

Soyez percutants : appliquez la règle 1664 !

- 1 idée par diapo,
- 6 lignes maximum par diapo,
- 6 mots maximum par ligne,
- 4 couleurs maximum par diapo.

Pensez que le diaporama est avant tout un support visuel.

Faites un effort pour rechercher des illustrations intéressantes (voir : https://www.facebook.com/camionscratch).

© Delagrave.

ATELIERS RÉDACTIONNELS

ATELIER 1 ›› LE COURRIEL

Situation professionnelle	Savoirs rédactionnels
3.1.2 Productions d'informations structurées Compétences Mobiliser des techniques de production et de structuration de document Résultats attendus Les documents produits répondent à des objectifs précis et respectent les normes, les consignes de présentation et les usages en vigueur dans l'entité.	Lecture et écriture d'un genre Le document professionnel Procédés d'écriture › La reformulation à partir d'une prise de notes, d'un brouillon ou d'écrits intermédiaires › L'organisation et la hiérarchisation des informations › L'écriture des nombres › L'insertion des nombres dans un texte › Les règles orthographiques et la syntaxe dans les documents professionnels

L'EXPRESS
L'ENTREPRISE

À la une · Créer · Gérer · Développer · Idées business · Management · Outils · Solution Business

E-mail : les sept erreurs qui ne pardonnent pas

Familiarités, abréviations, fautes... Mal formulé, votre mail écrit à la hâte risque, au mieux, d'agacer, au pire, d'être jeté à la corbeille. Respectez les règles élémentaires de courtoisie, rappelle Aline Nishimata, experte en e-communication[1]. Explication de texte.

« Pour l'objet du mail, il n'y a rien de pire que le flou, rappelle Aline Nishimata, experte en e-communication. Sous l'avalanche des courriels, votre interlocuteur n'ouvrira pas le vôtre. Sauf s'il sait de quoi il retourne. Ayez en tête cette idée : mon mail doit être prioritaire. Alors soignez ce champ-là en étant informatif et bref. »

Par Marie-Madeleine Sève pour LEntreprise.com, publié le 04/02/2013 à 05:30

L'écrit électronique est traître. Sous ses faux airs de convivialité, il offre une liberté illusoire. D'un simple clic on répond instantanément, mais en s'affranchissant des usages très codifiés de la correspondance papier. Or, ces usages sont les mêmes. Et, oui, on peut répondre en temps réel avec peu de mots en respectant ces règles. Un e-mail bien rédigé pour votre supérieur ou vos collaborateurs mettra en valeur votre image, car il est le reflet de votre compétence. Voici 7 erreurs fréquentes à rayer de vos pratiques.

1. Objet : RE: RE: RE: RE: RE: "commande", ou "informations", "news"

Pour l'objet du mail, il n'y a rien de pire que le flou. Sous l'avalanche des courriels, votre interlocuteur n'ouvrira pas le vôtre. Sauf s'il sait de quoi il retourne. Ayez en tête cette idée : mon mail doit être prioritaire. Alors soignez ce champ-là en étant informatif et bref. Attention toutefois aux phrases de 3 kms, illisibles. Cela peut irriter. Et si vous êtes en e-conversation avec un client ou un fournisseur, évitez les allers-retours avec une kyrielle de RE: qui brouille la vue. Un seul "retour" est acceptable.

>>> Écrire : "CR de la réunion du 20/01", ou "Prochaine AG sur le projet Z", "Re: Devis (V2)"

2. "Salut !", "Re-moi" ou "---"

Il est difficile de choisir la juste formulation pour saluer. Ne rien écrire est discourtois. Il s'agit de bien mesurer la distance avec son destinataire. Deux options : 1/ Vous ne le connaissez pas. Écrivez "Cher Monsieur", c'est toujours très apprécié ; 2/ Vous le connaissez. Usez du "Bonjour", ou appelez-le par son prénom, suivi d'une virgule.

Évitez le "Salut !" ou "Coucou, c'est moi !", trop familiers dans l'entreprise. Ou encore le "Re-moi", signalant le deuxième mail du jour, au risque de vous dévaloriser. Au contraire, si vous avez déjà conversé, ne saluez plus. On trouvera normal que vous souhaitiez approfondir le sujet.

>>> Écrire : "Bonjour Madame (ou Madame D)", "Monsieur le Directeur", "Cher Monsieur", "Cher Professeur Y", "Anne,"

3. "Je prendrai les sanctions qui s'imposent", "Les effets néfastes de votre retard"...

Ici les mots sont durs, accusateurs ! Ils font voler en éclat les barrières sociales. Gardez-vous d'exprimer votre colère à l'écrit. C'est violent et ça laisse des traces auprès du partenaire ou du collaborateur. Il est capital de mettre son "cyber-stylo" à distance de ses émotions. Restez neutre, nuancez votre vocabulaire. Un style moins direct portera tout autant.

>>> Écrire : "Votre retard nous porte préjudice", "Je suis déçu(e) par votre attitude"

4. Rdv, Ns, Vs, qqch, cad, cdt

Voici un joli style SMS qui ne fait pas sérieux. C'est vilain, écrit à la va-vite, sans considération pour l'autre. Parce que vous l'obligez à faire le travail à votre place. A lui de décrypter et de compléter. Trop désinvolte ! Dans la même veine bannissez le point d'exclamation, d'un registre trop affectif.

>>> Écrire : Vous, nous, cordialement, etc.

5. "Je vous (serais) gré". "Pallier (aux) difficultés"

Les fautes de français (comme les fautes d'orthographe) sont d'un effet déplorable. Elles laissent penser que vous ne maîtrisez pas la langue de Molière. Cela vous décrédibilisera auprès des équipes ou d'un chef. On a droit à la coquille, mais à une seule pas davantage. Alors, n'hésitez pas à prendre un dictionnaire, vérifier les règles de grammaire, ou vous faire relire par un tiers de confiance.

>>> Écrire : "Je vous saurais gré", "pallier les difficultés", "Je me permets de", "J'envoie" (sans s), "Je vous joins (sans "ts")", Nous avons été reçu(e)s"

6. "Car en effet", "puis ensuite", "mais toutefois"

Même remarque que précédemment. Ces pléonasmes horripilent. Dans les deux cas vous risquez d'être la risée du département ou de l'entreprise, parce que vos collaborateurs vont transférer ces mails à leurs collègues : "t'as vu, il est nul !". Et ils se propageront rapidement.

>>> Écrire : car OU en effet, mais OU cependant, etc.

7. "Merci de votre réponse.", "A votre disposition."

Pour les personnes de l'extérieur, client ou partenaire (voire recruteur), ce raccourci est malheureux. Il laisse une impression de supériorité, donne un ton à la limite de l'impératif. Obligez-vous à rédiger une phrase entière : sujet, verbe, complément. Mieux vaut agir de même à l'égard de votre hiérarchie. Cela sera considéré comme une marque de respect.

>>> Écrire : "Je vous remercie de l'attention que vous porterez à...", "Je me tiens à ta disposition pour..."

(1) Auteur de Savoir rédiger vos e-mails professionnels, Gualino (Lextenso Editions)

http://lentreprise.lexpress.fr

Objectif

Le courriel (ou e-mail ou mél) permet d'**échanger des messages écrits**, mais aussi tout type de document numérique (images, sons, vidéos...) et bureautique, instantanément **par le biais d'Internet** moyennant le protocole SMTP (Simple Mail Transfer Protocol).

La **rapidité de transmission et de réception** du message en fait un **outil privilégié dans les relations de communication**.

Style

Le message sera rédigé dans un **style direct et concis, mais explicite** (pas de style télégraphique ou de langage SMS).

Rédaction

L'**objet**, élément déterminant qui annonce le contenu du message, **doit être précis et** donc **renseigné**.

Lorsque le destinataire est connu, la **formule d'appel** (ou titre de civilité) est plus **directe** (ex. : « **Bonjour,** »).

La **formule de politesse** est **simplifiée** (ex. : « **Cordialement,** » / « **Bien à vous,** » / « **Sincères salutations** »).

La **signature** précisant le **prénom**, le **nom** et la **fonction** de l'émetteur viendra clore le courriel. Les logiciels de messagerie électronique offrent la possibilité de créer et d'insérer automatiquement cette signature.

Bon à savoir

Un message peut être transmis en copie à un ou plusieurs destinataires : champs **Cc** (**Copie conforme** : les adresses de tous les destinataires sont visibles par tous) et **Cci** (**Copie conforme invisible** : les adresses ne s'afficheront pas dans les messages reçus par les autres destinataires figurant dans les champs A et Cc).

Il est possible d'**attribuer un niveau d'importance** à un message pour attirer l'attention du destinataire, l'inciter à le lire et lui **demander un accusé de réception**.

Attention au **style trop direct et familier** et aux **fautes d'orthographe** qui **font toujours mauvais effet**.

Exemple de courriel : analyse de la situation de communication

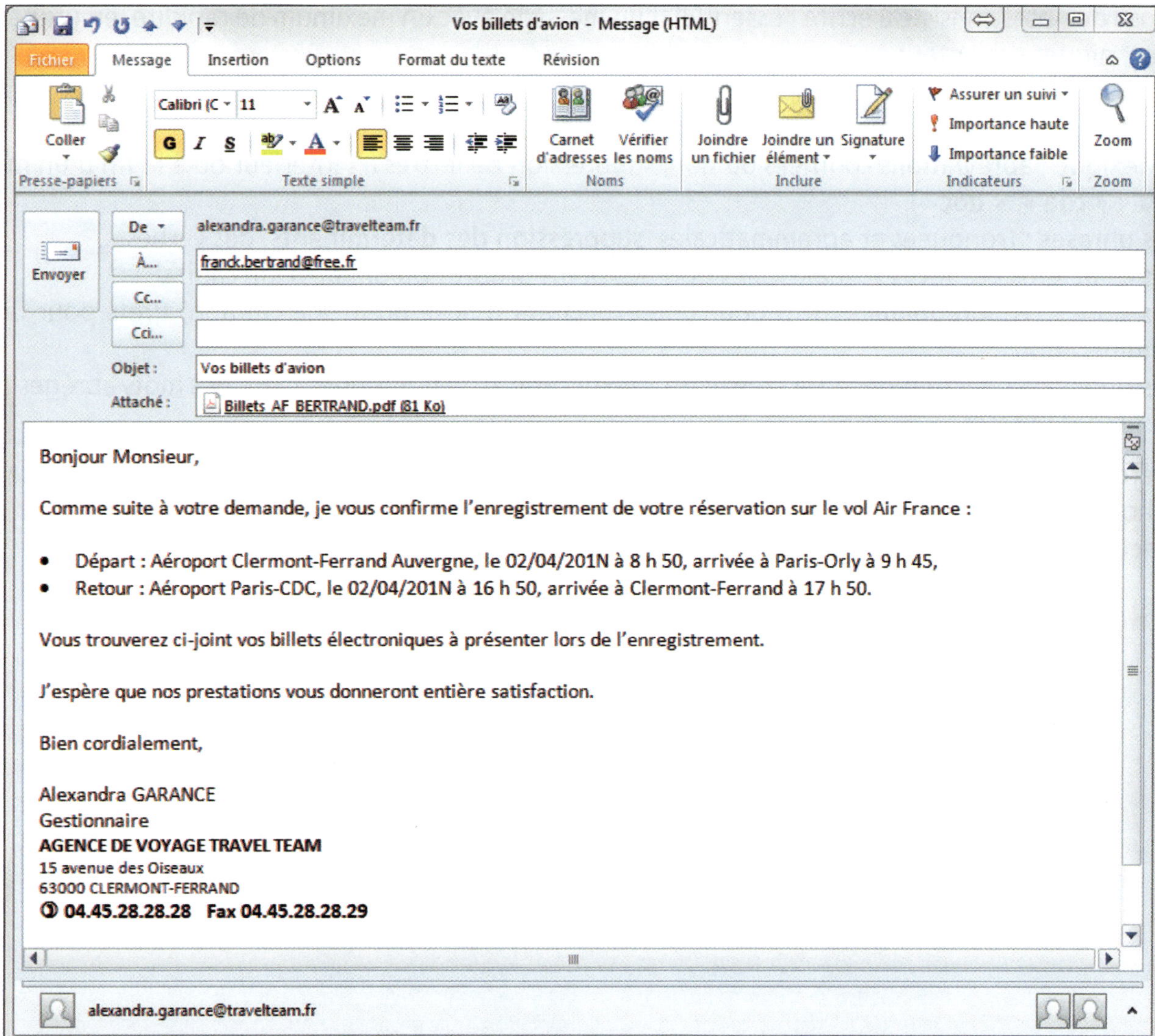

Vos billets d'avion - Message (HTML)

De : alexandra.garance@travelteam.fr
À... : franck.bertrand@free.fr
Cc... :
Cci... :
Objet : Vos billets d'avion
Attaché : Billets_AF_BERTRAND.pdf (81 Ko)

Bonjour Monsieur,

Comme suite à votre demande, je vous confirme l'enregistrement de votre réservation sur le vol Air France :

- Départ : Aéroport Clermont-Ferrand Auvergne, le 02/04/201N à 8 h 50, arrivée à Paris-Orly à 9 h 45,
- Retour : Aéroport Paris-CDC, le 02/04/201N à 16 h 50, arrivée à Clermont-Ferrand à 17 h 50.

Vous trouverez ci-joint vos billets électroniques à présenter lors de l'enregistrement.

J'espère que nos prestations vous donneront entière satisfaction.

Bien cordialement,

Alexandra GARANCE
Gestionnaire
AGENCE DE VOYAGE TRAVEL TEAM
15 avenue des Oiseaux
63000 CLERMONT-FERRAND
✆ 04.45.28.28.28 Fax 04.45.28.28.29

alexandra.garance@travelteam.fr

1 Qui est l'émetteur ?

2 Qui est le destinataire ?

3 Quel est l'objet du message ?

4 Quel est le plan utilisé ?

■ La reformulation à partir d'une prise de notes, d'un brouillon ou d'écrits intermédiaires

La **prise de notes** consiste à **écrire l'essentiel** d'un message avec un maximum de rapidité, en utilisant les techniques suivantes :

- → la **mise en page du texte** : **compacte**,
- → l'**organisation et** la **hiérarchisation des informations** : **au fil de la conversation**,
- → le **lexique** : **abréviations** codifiées ou non, suppression de lettres à l'intérieur ou à la fin d'un mot (ex. : « **cde** », « **doc** »),
- → les **phrases** : tronquées et agrammaticales, **suppression des déterminants**, des verbes…,
- → les **caractères des lettres** : majuscules pour les noms propres ou un message capital,
- → les **signes typographiques** : **(…)** pour une explicitation, **« »** pour une citation, **tirets** pour une énumération,
- → les **signes de ponctuation** : **!** (expressivité), **:** (explication), le **point** pour la fin des mots abrégés ou la fin des phrases.

La **reformulation** consiste à **réécrire de manière « intégrale »** la prise de notes, en respectant l'orthographe, la grammaire et la syntaxe, **afin de rendre compte fidèlement, lisiblement et correctement d'informations** structurées et hiérarchisées.

✎ Retranscrivez clairement la prise de notes.

Pr Alexandra GARANCE

Appel 11/03 10 h 30 Mme LALANDE (dir Sté LATOUR) souhaite organiser voyage CE

dde infos + tarifs s/ circuit touristique en Languedoc (vu sur site)

Rappeler URGT ! 04 73 30 40 00 (heures buro)

Christine

<table>
<tr><th colspan="4">FICHE MESSAGE</th></tr>
<tr><td colspan="2">Date de l'appel : __ / __ / ____</td><td colspan="2">Heure : ....</td></tr>
<tr><td>Destinataire :</td><td>Mme/M. ....</td><td colspan="2">Service : ....</td></tr>
<tr><td>Mme/M. :
Société :
Service :</td><td>..............................
....
..............................</td><td colspan="2">N° de téléphone :
__ __ __ __ __</td></tr>
<tr><th colspan="4">Pendant votre absence</th></tr>
<tr><td colspan="2">❑ a téléphoné
❑ demande à être rappelé
❑ vous rappellera</td><td colspan="2">❑ est venu vous voir
❑ désire vous rencontrer
❑ URGENT</td></tr>
<tr><td>Message :</td><td colspan="3"></td></tr>
<tr><td>Pris par :</td><td colspan="3"></td></tr>
</table>

L'organisation et la hiérarchisation des informations

Le contenu du message doit être organisé en trois temps, une **introduction** qui le prépare et le met en place, le **développement** qui formule son objectif et la **conclusion** qui y met fin. Dans un courriel, il faut aller à l'essentiel. **Les informations sont donc organisées en fonction de leur importance.** Cela s'appelle la hiérarchisation de l'information.

✎ **Repérez par une accolade dans le précédent courriel, l'introduction, le développement et la conclusion.**

✎ **Où se situe l'information essentielle ?**

....

✎ **Soulignez dans le message le début et la fin de l'énumération et indiquez ci-dessous les éléments de ponctuation utilisés.**

....

L'écriture des nombres

Les mots simples : Les **nombres jusqu'à 16** (ex. : « **zéro** », « **un** », « **deux** », « **trois** »), les **dizaines jusqu'à 60** (ex. : « **vingt** », « **trente** », « **quarante** ») et les **chiffres 100 et 1 000** (ex. : « **cent** » et « **mille** ») s'écrivent en un seul mot.

Les mots composés : Les **autres nombres inférieurs à 100** prennent un **trait d'union** (ex. : « **dix-sept** », « **soixante-six** »). Pour les **nombres se terminant par 1**, on ajoute la **conjonction « et »** (ex. : « **soixante et onze** »).

Les exceptions : **81 et 91** qui s'écrivent « **quatre-vingt-un** » et « **quatre-vingt-onze** ». **20 et 100 s'accordent** quand ils sont **multipliés par un nombre sans être suivis par un autre nombre** (ex. : « **trois cents** », « **trois cent quarante-cinq** »). **Mille** est toujours **invariable** (ex : « **trois mille** »). **Million et milliard** prennent un **« s » au pluriel** (ex. : « **Le déficit s'élève à quatre millions d'euros.** »).

✎ **Transcrivez les nombres ci-dessous en toutes lettres.**

7 ....

98 ....

573 ....

9 000 ....

12 456 ....

6 000 000 ....

L'insertion des nombres dans un texte

Ce jour, M. BERTRAND vous confie la mission d'aller retirer ses billets d'avion. Le règlement se fera par chèque pour un montant de 102,89 €, à l'ordre de l'Agence de voyage TRAVEL TEAM.

✎ Remplissez le chèque du montant dû par M. BERTRAND.

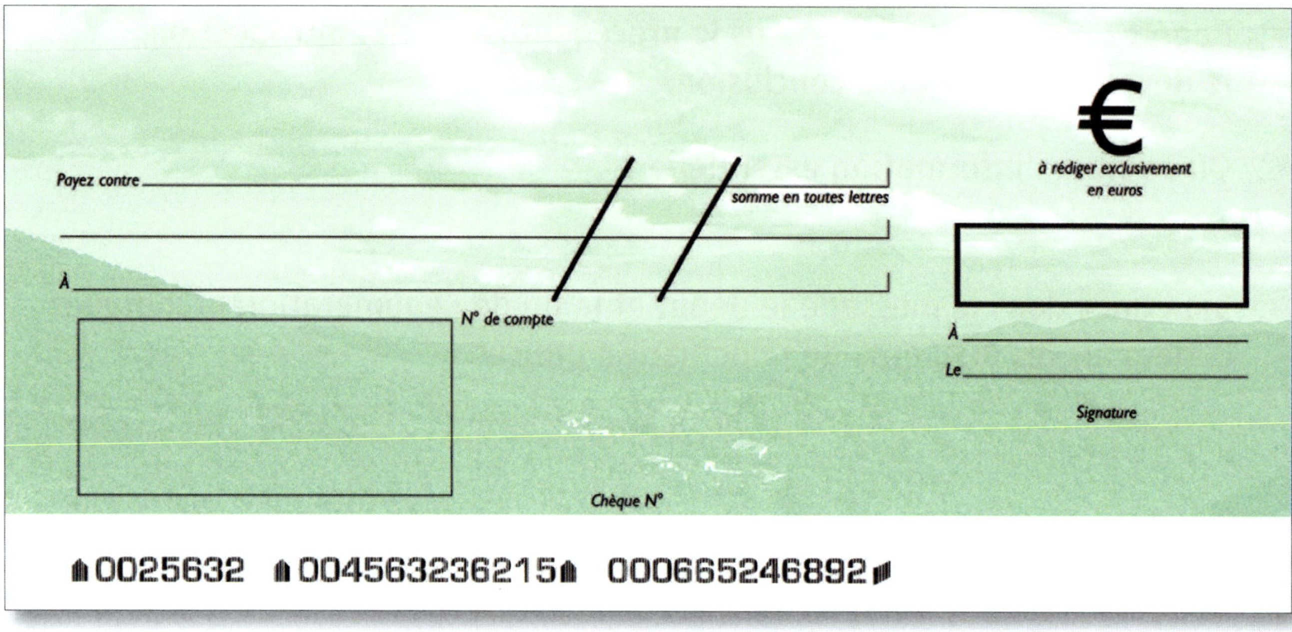
€
à rédiger exclusivement en euros
Payez contre
somme en toutes lettres
À
N° de compte
À
Le
Signature
Chèque N°
0025632 004563236215 000665246892

Les règles orthographiques et la syntaxe dans les documents professionnels

La **rédaction d'un message professionnel** se caractérise essentiellement par sa **simplicité** (phrases courtes : sujet, verbe, complément), sa **clarté** (mot juste et utilisation d'un vocabulaire professionnel) et un **style direct** (utilisation de la 1re personne du pluriel).

✎ Améliorez la rédaction des phrases suivantes en rédigeant des phrases courtes et en utilisant un vocabulaire adéquat.

Nous avons bien reçu votre dernière lettre du 7 octobre et du chèque n° 123456 qui l'accompagnait, dont le montant était de soixante-quinze euros et 30 centimes.

....

....

....

Je vous écris pour vous informer que la marchandise vous a bien été livrée le 10 novembre dernier.

....

....

....

La **ponctuation** permet de **marquer des pauses** et de **structurer le discours**. Chaque signe a une fonction précise. N'hésitez-pas à **rédiger des phrases courtes**. Vérifiez la place des virgules. Allégez les expressions lourdes grâce à l'emploi d'un signe adéquat. Songez, par exemple, à utiliser les « deux points » pour exprimer la cause ou la conséquence.

✎ Placez les signes de ponctuation (, ; ? ! :) dans les phrases suivantes.

Monsieur ... Le 19 août ... nous vous avons comander la réfection des peinture de nos bureaux situer au 84 place de la Libertée ... Selon le bon de comande ci-joint ... les travaux devait commencer le 27 août et s'achever le 21 septembre ... Nous vous avont verssé ... lors de la signature du contrat ... un accompte d'un montant de 200 € ... Or ... à se jour ... et malgrés nos multiples relences ... les travaux n'ont toujours pas commencés ... Vous n'avait donc pas respecter vos obligations ... En conséquense ... pouriez-vous nous restitué l'accompte ... Veuillez agréez ... Monsieur ... nos salutations distingués ...

Les **fautes d'orthographe d'usage** portent sur la graphie d'un mot (ex : « **réclamassion** » au lieu de « **réclamation** »). Alors que les **fautes d'orthographe d'accord** dépendent de l'application des règles d'accord (ex : « **les commande** » sans « **s** »).

✎ Réécrivez le texte ci-dessus en corrigeant les fautes d'orthographe.

....

....

....

....

....

....

....

....

....

....

....

....

....

....

Vous travaillez pour l'Agence de voyage TRAVEL TEAM. À l'approche des congés d'été, Mme GARANCE souhaite proposer à sa clientèle différents séjours en bord de mer. Une réunion de coordination avec les responsables commerciaux (Marc DURAND, Jacques LAVAL et Laura PASQUIER) est organisée le lundi 7 avril à 9 heures dans les locaux du siège de l'agence. Cette réunion se fera en présence du représentant de la société CRÉACOM, M. Pierre MARTIN, chargé de créer les affiches de la campagne. Les différents projets d'affiches seront présentés à l'équipe qui devra les sélectionner.

Nous sommes le vendredi 4 avril, il est 17 heures. Il est trop tard pour prévenir l'intégralité des personnes qui devront participer à cette réunion par courrier traditionnel.

✎ **Rédigez le courriel qui leur sera adressé. Pensez à transmettre une copie de ce mél à M. MARTIN (pierre.martin@creacom.fr).**

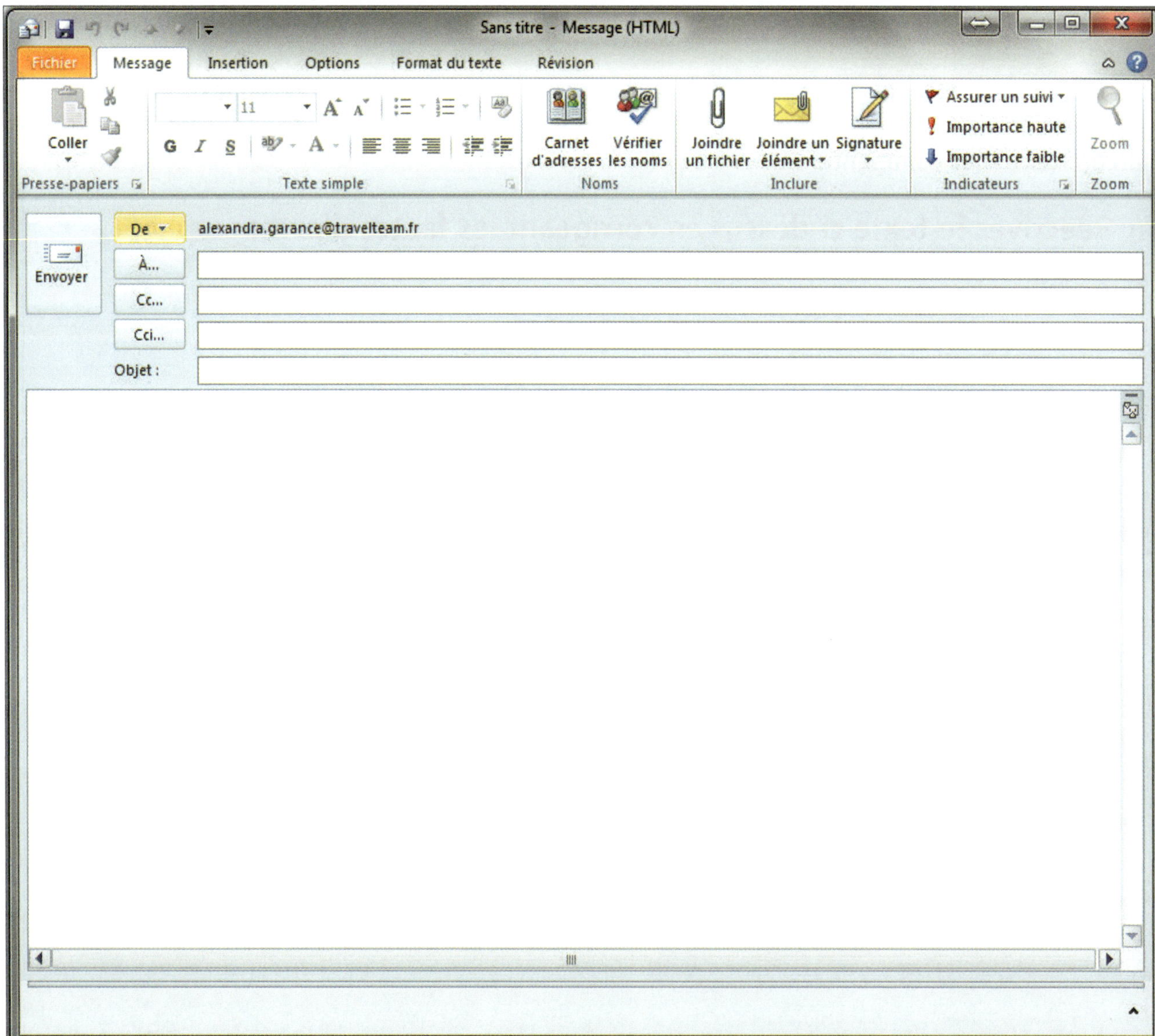

ATELIER 2 ›› LA LETTRE DE RELANCE CLIENT

Situation professionnelle	Savoirs rédactionnels
1.2.5 Traitement des règlements et suivi des litiges Compétences Suivre des règlements clients Résultats attendus Le traitement des règlements est assuré, les litiges sont suivis dans le cadre des règles fixées dans l'organisation et dans le respect de la relation avec les clients et usagers.	Lecture et écriture d'un genre Le courrier de relance client Procédés d'écriture ◗ L'interpellation du client ◗ La présentation du litige ◗ L'enchaînement des faits ◗ De l'incitation à l'injonction ◗ Les temps et modes des verbes : impératif, conditionnel, futur de l'indicatif

Organigramme de traitement de la relance client

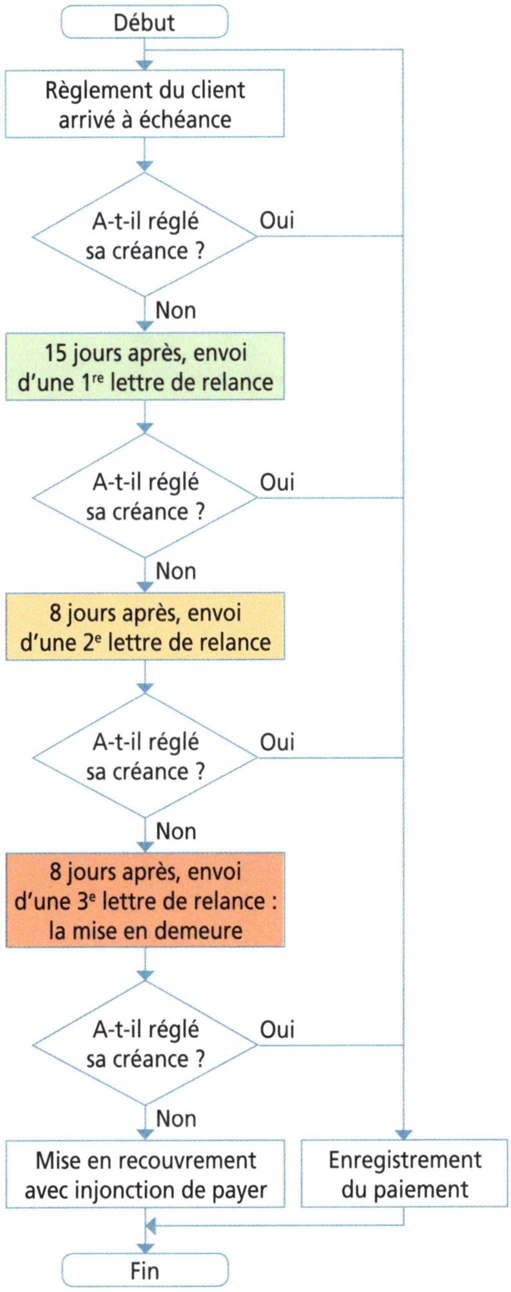

1re lettre de relance

Objectif – La première lettre de relance (en se référant aux conditions générales de vente) précise qu'un retard de paiement a été constaté.

Plan

◗ Informer le client qu'il reste débiteur du montant dû
◗ Rappeler les conditions générales de vente
◗ Remercier le client de bien vouloir régulariser la situation

Style – S'adresser au client sans agressivité, sur un ton ferme, mais courtois. Il s'agit peut-être d'un simple oubli de sa part.

Bon à savoir – Pensez à joindre une copie de la facture du client, celui-ci peut ne pas l'avoir reçue.

2e lettre de relance

Objectif – La seconde lettre de relance indique que si le débiteur ne règle pas, le vendeur sera contraint de recourir à un mandataire du recouvrement.

Plan

◗ Rappeler l'envoi du précédent courrier
◗ S'étonner de ne pas avoir obtenu de réponse
◗ Indiquer à nouveau le montant dû
◗ Exiger un règlement immédiat

Style – Le ton employé sera plus ferme, mais toujours courtois.

3e lettre de relance : la mise en demeure

Objectif – La troisième lettre de relance doit informer qu'à défaut de règlement, la procédure de recouvrement sera enclenchée.

Plan

◗ Rappeler l'envoi des deux précédents courriers
◗ Mettre en demeure le client de régler sa dette
◗ L'informer qu'à défaut de règlement une procédure d'injonction de payer sera déposée devant un tribunal

Style – Le ton employé sera sec.

Bon à savoir – La lettre de mise en demeure est expédiée en recommandé avec accusé de réception.

Exemple de lettre de relance : analyse de la situation de communication

AGENCE DE VOYAGE TRAVEL TEAM
15 avenue des Oiseaux
63000 CLERMONT-FERRAND
✆ 04.45.28.28.28 Fax 04.45.28.28.29
SARL au capital de 70 000 €

Madame Laurine RÉMY

41 rue des Oliviers

63400 CHAMALIÈRES

Lettre recommandée avec AR

Nos références :
AG/03-11
Objet :
Mise en demeure

Clermont-Ferrand,
le 11 mars 201N

Madame,

Malgré nos courriers de relance des 14 et 21 février 201N, vous n'avez toujours pas procédé au règlement de notre facture n° 1025D, échue le 31 janvier 201N.

En conséquence, nous vous mettons en demeure de nous régler la somme de 230 €, dans un délai de huit jours à réception de la présente.

Sans nouvelle de votre part, nous serions contraints d'engager une procédure de recouvrement. Aussi, veuillez noter que vous vous exposerez dès lors au calcul des intérêts de retard.

Dans cette attente, nous espérons que vous comprendrez l'intérêt d'un règlement rapide de ce dossier.

Nous vous prions d'agréer, Madame, nos salutations.

Alexandra GARANCE
Gestionnaire

❶ Qui est l'émetteur ?

....

❷ Qui est le destinataire ?

....

❸ Quel est l'objet du litige ?

....

....

❹ Quel est le plan utilisé ?

....

....

....

❺ De quel type de lettre de relance s'agit-il ? (1re relance, 2e relance, 3e relance : mise en demeure)

....

L'interpellation du client

La **formule d'appel** (ou titre de civilité) **permet d'identifier le destinataire** de la lettre et doit répondre aux conventions sociales.

Lorsqu'il n'y a qu'**un seul destinataire connu** et qu'il s'agit d'un **premier contact**, le choix de **la formule est neutre** (ex. : « **Madame,** »).

Lorsque **le destinataire n'est pas connu**, la formule d'appel retenue sera « **Madame, Monsieur,** ».

Lorsque **l'émetteur et le destinataire se connaissent** et marque un degré de sympathie dans la relation, l'utilisation de « **Chère Cliente,** » / « **Cher Client**, » est recommandé.

Si **le destinataire occupe un poste de responsable** et que vous connaissez sa fonction exacte, il est bon de la rappeler dans la formule d'appel (ex. : « **Madame la Directrice,** » / « **Monsieur le Président,** »).

✎ Dans les cas suivants, déterminez le titre de civilité le plus adapté.

Situation de communication	Titre de civilité proposé
Vous devez répondre à une demande de catalogue faite par Mme GUILLOT, nouvellement contactée par un commercial.	
Les Ets DELANOY vous demandent de leur faire parvenir vos tarifs en vigueur.	
M. MARIN, client de longue date, vous informe d'une erreur dans la dernière facture qu'il a reçue. Vous devez lui répondre.	
Vous envoyez votre lettre de demande de stage au Directeur des Ressources Humaines de la Société BOURGEOIS.	

La présentation du litige

Il s'agit de **définir le motif de la lettre** afin d'en **déterminer l'objet**. Celui-ci sera **court et précis** et rappellera le plus souvent un document (ex. : « **N/facture n° 3310** ») ou une opération (ex. : « **V/livraison du 10/07** »).

✎ En reprenant les situations précédentes, déterminez l'objet.

Situation de communication	Objet proposé
Vous devez répondre à une demande de catalogue faite par Mme GUILLOT, nouvellement contactée par un commercial.	
Les Ets DELANOY vous demandent de leur faire parvenir vos tarifs en vigueur.	
M. MARIN, client de longue date, vous informe d'une erreur dans la dernière facture qu'il a reçue. Vous devez lui répondre.	
Vous envoyez votre lettre de demande de stage au Directeur des Ressources Humaines de la Société BOURGEOIS.	

L'enchaînement des faits

Pour rendre votre message clair et compréhensible par l'interlocuteur, **les idées du plan doivent être classées de façon logique et s'enchaîner**. Pour cela, **l'utilisation de connecteurs logiques** (mots de liaison) est préconisée (ex. : « **Or** » / « **Cependant** » / « **De plus** »).

✎ Repérez dans la précédente lettre, les mots de liaison utilisés et entourez-les en noir.

✎ **Replacez les mots de liaison (« c'est pourquoi », « toutefois », « or », « en conséquence », « en effet ») dans les phrases suivantes.**

Nous sommes très surpris de votre rappel de règlement. ...., cette facture a été réglée par chèque le 2 avril dernier.

Nous constatons que vous n'avez effectué aucun règlement. ...., nous sommes dans l'obligation de vous mettre en demeure de payer la somme de 300 € sous huitaine.

Nous accusons réception de votre commande. ...., pour des raisons indépendantes de notre volonté, nous ne serons pas en mesure de procéder à sa livraison dans les délais prévus.

Nous vous avons versé, lors de la signature du contrat, un acompte de 150 €. ...., à ce jour, les travaux n'ont toujours pas débuté.

Suite à des difficultés financières imprévues, nous ne pourrons pas procéder au règlement de notre dette. ...., nous vous prions de bien vouloir nous accorder un délai supplémentaire.

De l'incitation à l'injonction

Formuler une incitation permet d'exprimer un souhait (ex. : « **Nous espérons vous compter bientôt parmi nos fidèles clients.** »).

Exprimer une injonction permet de donner un ordre (ex. : « **Veuillez nous retourner ces documents dans les plus brefs délais.** »).

✎ **De nombreux retards ont été constatés par la Direction. Vous rédigerez deux notes de service adressées au personnel en utilisant dans l'une une incitation et dans l'autre une injonction.**

Les temps et modes des verbes : impératif, conditionnel, futur de l'indicatif

L'impératif sert à exprimer un ordre, un conseil ou un souhait (ex. : « **Rappelez-vous que nous avons rendez-vous à 9 h !** »).

Le conditionnel exprime la réalisation d'un fait soumis à une condition (ex. : « **Si de tels agissements venaient à se reproduire, nous nous verrions dans l'obligation d'engager une procédure judiciaire.** »).

Le futur de l'indicatif exprime une action qui se déroulera dans l'avenir. Il peut aussi avoir la valeur de l'impératif (ex. : « **À l'avenir, vous devrez nous adresser votre règlement en respectant les délais.** »).

✎ **Dans la précédente lettre, soulignez en rouge un verbe à l'impératif, en bleu un verbe au conditionnel et en vert un verbe au futur de l'indicatif.**

ATELIER 3 ›› LA LETTRE PROFESSIONNELLE

Situation professionnelle	Savoirs rédactionnels
3.1.2 Productions d'informations structurées Compétences Mobiliser des techniques de production et de structuration de document Résultats attendus Les documents produits répondent à des objectifs précis et respectent les normes, les consignes de présentation et les usages en vigueur dans l'entité.	Lecture et écriture d'un genre Le document professionnel Procédés d'écriture ◗ L'organisation et la hiérarchisation des informations ◗ La conformité du document à une charte graphique ◗ La typographie ◗ Les règles orthographiques et la syntaxe dans les documents professionnels

1

G : 2,5 cm

D : 2 cm

H : 4 cm

AGENCE DE VOYAGE TRAVEL TEAM

15 avenue des Oiseaux
63000 CLERMONT-FERRAND
✆ 04.45.28.28.28 Fax 04.45.28.28.29
SARL au capital de 70 000 €

Zone 1
En-tête de l'expéditeur
(logo, raison sociale, coordonnées postales et téléphoniques, forme juridique)

2

Zone 2
Informations complémentaires sur l'expéditeur
(coordonnées bancaires, n° SIREN, code APE)

Monsieur Louis VANNIER

18 place de l'Église

63400 CHAMALIÈRES

Zone 3
Suscription
(nom et adresse du destinataire)

Vos références :

3 Nos références :
AG/01-28

Clermont-Ferrand,
le 28 janvier 201N

5 Objet :
Promotions
Février

6 PJ :
1 bulletin de réservation

Zone 4
Corps de la lettre
(références, objet, PJ, lieu et date d'envoi, titre de civilité, introduction, développement, conclusion, formule de politesse, signataire)

4

7 Monsieur,

8

Comme tous les mois, nous vous informons de nos dernières promotions.

Nous vous conseillons de réserver le plus rapidement possible afin de bénéficier de nos tarifs préférentiels pour :

→ votre semaine à SUPER-BESSE, à partir de.......................... 580,00 €/pers
→ votre semaine au ski à PUY-SAINT-VINCENT, à partir de.......................... 608,00 €/pers
→ votre semaine en Martinique, à FORT-DE-FRANCE, à partir de.......................... 669,00 €/pers

Si vous souhaitez des informations complémentaires sur ces séjours, n'hésitez pas à contacter :

Nicole, au Secrétariat, au 04.45.28.28.12

Nous vous prions de bien vouloir nous retourner sans plus attendre le bulletin de réservation ci-joint.

9 Veuillez agréer, Monsieur, nos sincères salutations.

10 Alexandra GARANCE
Gestionnaire

B : mini 1,5 cm - maxi 3 cm

Zone 5
Informations complémentaires sur l'expéditeur
(horaires d'ouverture, adresse mél, site Internet)

Objectif

Une lettre professionnelle (commerciale ou administrative) répond à des **normes de présentation** (norme NF Z11-011) qui facilitent la lisibilité du message, même si chaque organisation les adapte en fonction de sa charte graphique.

Style

Le message sera rédigé dans un **style direct**. Chaque idée sera exprimée dans un paragraphe.

Rédaction et présentation

L'**objet**, élément déterminant qui annonce le contenu du message, doit être **court et précis**. Il **rappelle** souvent **la nature de l'opération** (ex. : « **Notre livraison du 28/11** ») ou du document évoqué dans le courrier (ex. : « **V/facture n° 987** »).

Il est d'usage lorsque le courrier est accompagné de documents de les mentionner et d'indiquer leur nombre en **pièces jointes** (ex. : « **1 chèque n° 123456** » / « **2 bons de réservation** »).

Le **corps de la lettre** doit respecter un plan (**introduction, développement, conclusion**).

La **formule de politesse** reprendra le titre de civilité (ex. : « **Veuillez agréer, Monsieur, nos salutations distinguées.** »).

La **signature** précisant le **prénom**, le **nom** et la **fonction** de l'émetteur viendra clore le courrier.

L'organisation et la hiérarchisation des informations

La **mise en page** d'une lettre permet de **repérer rapidement l'essentiel du message** et contribue à sa lisibilité.

Par exemple, les paragraphes sont séparés par un interligne, qui permet de repérer la structuration du texte et donc de mettre en évidence le plan de la lettre.

✎ Consultez la lettre présentée précédemment et répondez aux questions suivantes.

Avant même d'avoir lu le contenu de la lettre, quel est l'élément qui permet d'en connaître le sujet ?

....

Combien de parties relevez-vous dans ce courrier ?

....

Quelle mention permet de connaître immédiatement les documents annexés ?

....

✎ Indiquez à quoi correspond chaque numéro.

1	6 ....
2	7 ....
3	8 ....
4	9 ....
5	10 ....

✎ Surlignez dans le précédent courrier, l'introduction en jaune, le développement en orange et la conclusion en vert.

Avant de passer à la phase de rédaction, un plan doit être élaboré.

Trois étapes sont nécessaires : la recherche d'idées, leur classement dans un ordre logique et la **rédaction du plan**. Celle-ci se fera sous la forme d'une **énumération** en **commençant TOUJOURS** chaque élément du plan **par un verbe à l'infinitif**.

✎ Retrouvez le plan qui a permis de rédiger le précédent courrier.

....

....

....

....

....

....

....

La qualité rédactionnelle d'une lettre se mesure à la richesse du vocabulaire employé et à l'attention accordée à la correction de la langue. Il est recommandé d'**utiliser le même sujet** : « **Nous** », rarement « Je » sauf lorsque le courrier est rédigé à titre personnel (ex. : demande de stage). Cependant, il faut **éviter de commencer tous les paragraphes par le pronom « Nous »**.

✎ Modifiez les phrases suivantes afin de supprimer le pronom « Nous » en début de phrase.

Nous accusons réception de votre candidature au poste de Gestionnaire administratif.
Conseil : employez l'expression « retenir l'attention ».

....

....

Nous avons constaté une erreur dans la facture n° 1421D.
Conseil : utilisez la voix passive.

....

....

Nous vous prions d'agréer, Madame, Monsieur, l'expression de nos sentiments dévoués.
Conseil : remplacez le verbe « prier » par le verbe « vouloir » à l'impératif.

....

....

La conformité du document à une charte graphique

Une **charte graphique** (logo, jeux de couleurs, typographie, visuel…) est un document qui **précise l'ensemble des règles de mise en page** et **détermine l'aspect esthétique de tous les supports de communication** d'une organisation. Objectifs : **harmoniser la présentation** des différents supports, **créer une identité visuelle** qui permet au récepteur d'**identifier facilement l'émetteur**.

✎ Consultez la lettre présentée précédemment et répondez aux questions suivantes.

Quels sont les éléments qui permettent d'identifier rapidement l'émetteur ?

……………………………………………………………………………………………………

Selon vous, pourquoi l'agence a-t-elle choisi comme logo une carte postale représentant des chaises longues sous un parasol sur une plage ?

……………………………………………………………………………………………………

Quelle est la couleur utilisée pour les coordonnées de l'entreprise ?

……………………………………………………………………………………………………

La typographie

Les **règles typographiques** régissent la **façon de composer les textes**, comme : l'emploi et l'usage de la ponctuation, la manière d'écrire les abréviations et les nombres, l'emploi des capitales et de l'italique, la présentation d'une énumération…

L'**objectif de la typographie** est de **faciliter la lecture** pour une meilleure compréhension du message. Elle permet aussi de **mettre en valeur le texte** en utilisant différents attributs : choix d'une police de caractères adaptée, dont le corps (taille) reste lisible, utilisation de différents styles : gras, souligné, petites majuscules, trame de fond…

✎ Consultez la lettre présentée précédemment et répondez aux questions suivantes.

Question	Technique utilisée
Quels moyens ont été utilisés pour faire ressortir les éléments importants (objet, PJ, personne à contacter) ?	
Quelle technique a été utilisée pour présenter les différents séjours et leur prix ?	
Quel procédé a été utilisé pour aligner la suscription, la ville et la date d'envoi, ainsi que le signataire ?	

Les règles orthographiques et la syntaxe dans les documents professionnels

La **rédaction d'un message professionnel** est un **exercice difficile** dans lequel rien ne doit être laissé au hasard. Une **relecture différée** permet souvent d'apporter les corrections nécessaires afin d'éviter toute interprétation. Pour améliorer votre style rédactionnel et éviter les pièges de la syntaxe, **rédigez des phrases courtes**.

Soyez précis dans le choix des verbes à employer. Évitez d'utiliser les verbes « faire », « avoir »... (ex. : « **Nous avons fait une enquête très complète à ce sujet.** ») **Préférez** : « **Nous avons réalisé une enquête très complète à ce sujet.** ».

✎ Recherchez le verbe précis en fonction de la situation rencontrée et proposez une correction.

Nous avons vu une erreur au niveau de la facturation.	
Nous avons quelques difficultés pour vous livrer dans les délais.	
Nous vous faisons une remise de 5 %.	

Limitez l'usage des phrases introduites par un pronom relatif : qui, que, quoi, dont, où... (ex. : « **La résiliation du contrat de maintenance à laquelle vous faisiez allusion dans votre précédent courrier...** »). **Préférez** : « **La résiliation du contrat de maintenance évoquée dans votre précédent courrier...** ».

✎ Allégez la rédaction des phrases suivantes.

Nous avons envoyé 200 invitations qui étaient destinées à nos meilleurs clients.	
Le rapport dont nous avons parlé ce matin et qui est incomplet, doit être revu rapidement.	
Notre société qui est située dans la zone artisanale, où nos bureaux sont installés depuis 1966, va fermer ses portes.	

Évitez l'emploi du participe présent ou du gérondif en début de phrase (ex. : « **En espérant une réponse rapide de votre part, veuillez agréer...** »). **Préférez** : « **Nous espérons une réponse rapide de votre part. Veuillez agréer...** ».

✎ Remplacez le participe présent ou le gérondif dans les phrases suivantes.

La rupture de stock ne nous permettant pas de vous livrer dans les délais impartis, nous nous voyons dans l'obligation d'annuler cette commande.	
En attendant des informations supplémentaires de notre transporteur, nous vous renouvelons notre volonté de répondre aux demandes de votre entreprise.	
En vous remerciant par avance de votre réponse rapide, nous restons à votre disposition pour toute information complémentaire.	

ATELIER 4 » LA FICHE DE SYNTHÈSE

Situation professionnelle	Savoirs rédactionnels
3.1.1 Collecte et recherche d'informations Compétences Exploiter la veille et mobiliser des techniques de recherche Résultats attendus Les informations sont obtenues dans les délais et répondent aux besoins. Complexité Demande d'informations techniques	Lecture et écriture d'un genre La fiche de synthèse Procédés d'écriture ▸ La concision, la reformulation, la précision lexicale ▸ Les mots-clés ▸ La lecture rapide, la hiérarchie des informations ▸ La vérification et la citation des sources

Objectif

Une fiche de synthèse (ou note de synthèse) est un **document interne destiné à un supérieur hiérarchique** (communication ascendante, contrairement à la note de service qui est descendante). Comme son nom l'indique, elle **permet de synthétiser, selon un plan en plusieurs parties et sous-parties, l'essentiel d'un thème, à partir de sources** diverses qui doivent être citées.
Ce n'est pas un assemblage d'idées prises dans chacun des textes.

Style

Le message sera rédigé dans un **style impersonnel** et **neutre**.
Il ne s'agit pas de plagier l'auteur des documents, mais d'en retirer l'idée principale et de la reformuler. Sauf consigne contraire, toute prise de position est à bannir, vous devez **rester objectif**.

Rédaction et présentation

La fiche de synthèse ne comporte **ni titre de civilité, ni formule de politesse**.
Pour en faciliter la lecture, pensez à **utiliser des titres et des sous-titres dans chaque partie**. Cela vous permettra de mettre en évidence votre plan et les différents points traités.

Bon à savoir

Il n'y a **pas de normes de présentation** à respecter, comme dans la lettre professionnelle. Cependant, certaines **mentions sont obligatoires** : l'**émetteur**, le **destinataire**, la **date** d'émission, la mention « **Note de synthèse sur...** » qui reprend le thème traité, les **sources** utilisées et le **signataire**.

Conseil

Ne vous laissez pas impressionner par le nombre de documents. Soyez méthodique et rigoureux !

Méthodologie de la fiche de synthèse

Avant tout, soyez très attentif aux consignes. Vous trouverez très souvent dans leur libellé le thème de la synthèse et des indications sur le plan attendu (causes → conséquences, avantages → inconvénients...).

Quoi qu'il en soit, trois étapes sont nécessaires à l'élaboration d'une fiche de synthèse.

Étape 1 : l'étude du dossier et le relevé d'idées

→ Commencez par une première **lecture rapide** pour une reconnaissance des différents documents proposés et appréciez leur intérêt.
→ Passez ensuite à une **lecture attentive** et analysez chaque document (recherche des mots-clés). Surlignez les passages importants.
→ Procédez ensuite à votre **relevé d'idées** (recherche des éléments identiques ou complémentaires).
→ Une fois les points essentiels identifiés, résumez-les avec vos propres mots, en quelques phrases, courtes et claires. L'ensemble de ces phrases vous aidera à élaborer un plan.

Étape 2 : la construction du plan et le regroupement des idées

→ Une fiche de synthèse comporte **deux ou trois parties** maximum. Chacune d'entre elles sera **repérée par un numéro** (I., II., III.) **et par un titre**.
→ Un plan méthodique permet de rédiger ensuite avec plus de sérénité. Un plan clair constitue toujours du temps gagné.

Étape 3 : la rédaction de la fiche de synthèse

→ L'**introduction** annoncera le **thème**, ainsi que le **plan** retenu.
→ Le **développement** présentera les différentes **parties**. Il s'agit d'une construction logique et ordonnée partant d'informations précises et incontestables. Pensez à lier chacun des paragraphes, par des mots de transition.
→ La **conclusion** dressera un **bilan** en reprenant l'idée principale de la synthèse.

Mise en situation

Alexandra GARANCE, Gestionnaire dans l'Agence de voyage TRAVEL TEAM souhaite mettre en place un réseau social d'entreprise (RSE). Elle a recueilli divers documents qui traitent de ce sujet.

Elle vous en confie l'étude afin que vous lui proposiez une fiche de synthèse dans laquelle, après avoir donné la définition d'un réseau social d'entreprise, vous vous attacherez à déterminer les avantages et les inconvénients de ce type de réseau.

Document 1

Tout comme les dispositifs de veille, la mise en place d'un réseau social d'entreprise (RSE) ne s'improvise pas, et nécessite un certain nombre de prérequis pour augmenter les chances de sa réussite et sa viabilité dans le temps pour l'ensemble de l'organisation. Plusieurs freins sont en effet à l'origine de blocages dans l'adoption des RSE malgré les efforts fournis, et ils trouvent majoritairement leur origine dans le rapport de l'entreprise à la notion de collaboration. À ce titre, voici une liste non exhaustive des freins et obstacles fréquemment rencontrés lors de la mise en place d'un RSE. Il est à noter que ces freins ne sont pas complètement indépendants, et majoritairement, c'est un ensemble d'obstacles qui justifient l'échec du projet, et non pas un seul et unique paramètre.

- **La connaissance c'est le pouvoir** : certains trouvent et justifient leur légitimité par l'accès à certains types d'informations qu'ils n'ont pas envie de partager, par crainte de perte de pouvoir interne. Le partage est perçu comme s'ils étaient dépossédés d'un objet de valeur.
- **La peur du changement** : nouvelles méthodes, nouveaux processus, de l'incertitude et un manque de visibilité créent une atmosphère défavorisant l'adoption du RSE par les collaborateurs, puisque ça les pousse à sortir de leur zone de confort.
- **Les habitudes** : bonnes ou mauvaises, elles sont très dures à changer, surtout avec l'âge. Quand les collaborateurs sont habitués à une logique du secret ou de la gestion en mode d'urgence, il est clair qu'il y a de fortes chances que l'adoption de nouvelles habitudes de travail devient plus dure.
- **Les procédés rigides** : ou l'exécution sans réflexion prime sur tout le reste. Une dynamique collective avec un RSE nécessite plus d'espace et d'autonomie aux collaborateurs.
- **Le syndrome de « Qu'est-ce que j'y gagne ? »** : il est compréhensible que chaque collaborateur s'interroge sur la valeur ajoutée que peut lui apporter sa contribution/participation à un RSE mais ce comportement peut se transformer en mouvement de blocage et d'attentisme collectif, vu les divergences et attentes variées et diverses de chacun des collaborateurs.
- **Un temps de travail inadapté** : plusieurs projets RSE n'intègrent pas que l'implication de chaque collaborateur dans cette dynamique se fait sur son temps de travail qui est déjà compressé par les missions et activités du quotidien. Donc si le RSE vient en plus se rajouter à une journée déjà remplie, il y a de fortes chances que l'adoption soit très faible. L'idéal étant de revoir les profils de missions en allouant/accordant un temps spécifique à la collaboration.
- **Absence de support du Top-Management** : autrement dit, juste des discours, avec du financement mais sans plus. Tant qu'ils ne donnent pas l'exemple et ne s'y investissent pas personnellement, ça risque de coincer.
- **Un management intermédiaire sceptique** : « Ouais, on a déjà vu ça avec les intranets, c'est un truc de la DSI qu'ils veulent nous rajouter, ça marchera pas ! » Ce maillon est l'une des clefs de réussite d'un projet RSE, car s'ils ne sont pas convaincus de l'utilité et de l'apport du RSE, leurs équipes ne suivront pas.
- **Une boîte à outils vide, pauvre ou très dense** : sans outils, le projet ne fonctionne pas, mais il ne faut pas non plus que ça se transforme en arsenal militaire avec un risque de confusion et de lourdeur bureautique renforcé.
- **Absence d'un accompagnement et d'une formation adéquats** : matériel pédagogique, sessions de sensibilisation et de communication ciblées, formation technique et fonctionnelle sont tous nécessaires pour améliorer et favoriser l'adoption d'un RSE.

→

Document 1 (suite)

- **Absence d'autonomie accordée aux collaborateurs** : le risque est de se transformer en exécuteur de tâche automatique, en voulant faire respecter les processus.
- **La peur du rejet** : Vous avez des contributions à proposer et des idées à partager mais les expériences précédentes n'ont pas été concluantes et ça devient alors un frein, car vous estimez que votre avis ne sera pas pris en compte ou n'est pas suffisamment à la hauteur.
- **Les contraintes juridiques, informatiques et de sécurité** : c'est un risque majeur, le tout est de trouver un équilibre adéquat entre ouverture et protection des données confidentielles.

Aref JDEY - Consultant, www.arefjdey.com

Document 2

L'ADN
L'ACTUALITÉ DOC NEWS

L'ESSENTIEL DE LA COM'
01 FÉVRIER 2014

Accueil / Lexique

RÉSEAU SOCIAL D'ENTREPRISE (RSE)

Réseau social regroupant les membres d'une même organisation qui a pour vocation d'encourager et de favoriser la collaboration, l'interaction, le travail en équipe, l'entraide, le partage, l'échange et la communication horizontale.

L'avantage du RSE est le partage de l'intelligence collective en créant une base de données qui collecte des idées, des résolutions de cas, des astuces pratiques... augmentant ainsi la productivité des collaborateurs d'une entreprise.

www.ladn.eu

Document 3

JDN
l'économie demain

Chercher une entreprise, un dirigeant, une tendan

S'inscrire | Connexion

ACCUEIL | WEB & TECH | MÉDIA | MANAGEMENT | BUSINESS | PATRIMOINE | VIDÉOS | PREMIUM | LE HUB | APPLIS

Sept avantages d'un réseau social d'entreprise

Un réseau social d'entreprise peut renforcer votre activité, vous aider à identifier les connaissances de votre personnel et prendre la température au sein de votre entreprise.

Vous en avez certainement fait l'expérience vous-même : vous commencez un nouvel emploi, vous vous posez des millions de questions et ignorez totalement à qui les poser. Il existe une solution facile : réfléchir aux changements que le modèle social a apportés dans notre façon de communiquer sur le plan personnel et importer certains enseignements sur le lieu de travail. Des outils tels que les réseaux sociaux d'entreprise ont fait évoluer nos modes de communication dans l'entreprise, et il existe bon nombre d'avantages à intégrer un réseau social interne au sein de l'organisation.

En voici quelques exemples.

Une meilleure phase d'intégration

Les nouveaux employés cherchent des réponses aux questions qu'ils se posent dès le premier jour, mais évitent d'envoyer des e-mails en rafale à des collègues encore inconnus. Au lieu de ça, avec un réseau social d'entreprise, ils peuvent poser leurs questions ou chercher des informations au sein du réseau, et ont de bonnes chances d'obtenir rapidement des réponses dans le flux d'échanges. Cette base de connaissances n'ayant de cesse de s'élargir, ils pourront passer plus de temps au travail effectif dès leur première semaine, plutôt que de la passer à rechercher des informations.

La rationalisation de la phase d'intégration des employés n'est que l'un des nombreux bénéfices à tirer de l'utilisation des réseaux sociaux en entreprise. Voici d'autres avantages que découvrent les entreprises en encourageant les interactions sociales similaires à celles de Facebook à l'intérieur du pare-feu :

La découverte d'experts et de nouveaux talents

Dans un réseau social interne, des talents jusque-là inconnus peuvent se révéler et rassembler un public, passant parfois ainsi de l'anonymat total (y compris envers eux-mêmes) à l'acquisition de centaines voire des milliers d'abonnés. Il ne s'agit pas juste de suivre les cadres, mais tous les employés, quel que soit leur niveau dans l'entreprise, en présentant chaque jour des idées intéressantes, des liens vers des ressources, ainsi que des informations pertinentes et utiles aux yeux des collègues. Avant l'apparition des plates-formes sociales, il n'y avait aucun moyen d'identifier ces ressources énormes en entreprise.

Chez SAS, éditeur de solutions analytiques, un consultant en développement de leadership au sein du département des RH avait lancé un groupe intitulé « on ne devient pas leader en un jour, mais au quotidien ». Ce groupe s'est étendu à plus de 700 membres.

De même, lorsqu'une entreprise de nouvelles technologies en Californie a cessé de fournir des téléphones portables à ses employés et leur a permis d'utiliser les leurs, son réseau social interne leur a permis d'échanger rapidement des connaissances sur les meilleurs appareils et les meilleurs plans. Ils ont ainsi pu économiser des milliers d'heures de travail et d'appels au service informatique, et bénéficier d'informations de meilleure qualité provenant de leurs pairs.

Relier des employés éparpillés dans le monde entier

3M dispose de laboratoires de recherche et de développement dans le monde entier. En reliant ces laboratoires, la société est parvenue à améliorer son innovation, à accélérer le développement de ses produits, et à économiser du temps pour répondre aux questions de ses employés. L'utilisation d'un réseau social a permis à 3M de créer une expérience de travail dans un « seul grand laboratoire », où les employés peuvent collaborer aussi facilement qu'en allant consulter un collègue de confiance au bout du couloir.

Un contexte et une crédibilité en hausse

Le réseau social interne devient souvent la source d'informations la plus fiable sur l'entreprise (plus que l'e-mail, les responsables, les cadres supérieurs, les collègues ou les médias externes), car son contenu est mis à jour en temps réel par des experts, à l'inverse des intranets et sites SharePoint classiques, qui s'appuient sur un processus fastidieux de mise à jour des contenus.

Les communications au sein des réseaux sociaux d'entreprise (qui proposent généralement des groupes, des profils, des sondages et d'autres fonctionnalités) sont jugées plus fiables par les membres de l'entreprise car les employés peuvent partager des informations dans un espace privé et sécurisé, commenter des sujets, et partager leurs visions sur l'entreprise tout entière. Le résultat est un véritable kaléidoscope de contenu issu de différents points de vue fournissant une richesse plus crédible qu'une page statique.

Archiver les connaissances

Pour les événements récurrents comme les conférences, le réseau social d'entreprise devient le lieu où sont rassemblées des informations pouvant survivre au roulement du personnel tout en restant facilement consultables, préservant ainsi tout le savoir-faire nécessaire. À l'aide du réseau, les nouveaux employés peuvent observer l'activité autour d'un événement et se dire : « OK, j'ai rattrapé 70 % de mon ignorance sur le sujet ». Ceci était impossible lorsque les informations se trouvaient stockées dans les e-mails.

Renforcer la participation des employés

Les réseaux sociaux d'entreprise permettent aux employés de faire la connaissance de collègues avec lesquels ils ne travailleront peut-être pas directement. L'une des meilleures initiatives que puisse prendre une entreprise en interne afin de préparer l'arrivée de la nouvelle génération d'employés est d'encourager l'usage quotidien d'un réseau social. Les jeunes de la génération Y s'attendent à pouvoir collaborer sur leur lieu de travail comme ils ont appris à interagir à l'école et dans leur vie personnelle.

Améliorer la communication avec les dirigeants

La hiérarchie est difficile à franchir mais les réseaux sociaux d'entreprise permettent aux cadres dirigeants de publier leurs commentaires directement dans le flux d'activités, et d'interagir avec tous les employés en même temps. L'approche sociale offre aux salariés l'occasion d'interagir de façon conviviale et rassurante avec les cadres ; dans le même temps, ceux-ci peuvent montrer un profil plus humain que celui qu'ils affichent lors des traditionnelles conférences téléphoniques sur les résultats financiers ou lors des réunions avec l'ensemble du personnel.

Le plus important est de se souvenir que le modèle social ne se résume pas à un site, et n'est pas exclusivement réservé au cadre de la vie personnelle. Il s'agit d'un nouveau mode de communication. Ce nouveau modèle multi-intervenants (« many-to-many ») est voué à transformer nos méthodes de travail sous d'innombrables aspects, mais la certitude est que c'est la meilleure façon de tirer le maximum de la ressource essentielle dans l'entreprise : l'individu.

http://journaldunet.com

■ La concision, la reformulation, la précision lexicale

La **concision** consiste à chercher les **moyens d'expression les plus courts**, sans modifier le sens du texte. Évitez les pléonasmes et adjectifs superflus (ex. : « **Monter en haut = Monter** »). Évitez les périphrases (ex. : « **La langue de Molière = Le français** »). Remplacer les locutions verbales par des verbes simples (ex. : « **Tenir au courant = Informer** »).

✎ Faîtes preuve de concision et rédigez correctement les phrases suivantes sans en modifier le sens.

Nos perspectives d'avenir sont bien réelles.	
Bientôt s'ouvriront les portes du festival de Cannes : un hommage au 7e art.	
Nous avons passé un coup de téléphone afin d'obtenir un rendez-vous pour quatorze heures de l'après-midi.	
Le matériel ne fonctionnant pas de manière très satisfaisante et présentant des problèmes de qualité, nous souhaitons être dépannés le plus rapidement possible.	
Vous devez commencer d'abord à scruter attentivement avec vos yeux ce graphique pour en déterminer les résultats les plus représentatifs.	

La **reformulation** implique l'**utilisation de mots différents** de ceux employés par l'auteur pour exprimer les idées retenues, puis de trouver à chacun l'équivalent le plus précis possible. La **précision lexicale** passe alors par un travail important de **recherche de synonymes** (ex. : « **Une proposition commerciale = Une offre commerciale** »).

✎ Pour chaque mot ou expression souligné, proposez un synonyme.

Veuillez trouver ci-joint le <u>paiement</u> de notre facture.	
Nous <u>accusons réception</u> de votre commande n° 951.	
<u>Être dispensé</u> du <u>règlement</u> des frais de port.	

Les mots-clés

Un **mot-clé** est par définition un mot qui **retient l'attention du lecteur**, car il **résume l'idée essentielle** traitée dans le texte.

✎ **Repérez dans les textes précédents, les mots-clés et surlignez-les.**

La lecture rapide, la hiérarchie des informations

Procéder à une **lecture rapide des documents** consiste à **comprendre le sens général** de chacun, d'**apprécier leur intérêt** respectif et fixer la place qu'il conviendra de leur accorder ou non dans la fiche de synthèse.

✎ **Pour chacun des textes précédents, proposez un titre et indiquez dans quelle partie vous l'utiliserez.**

Document 1 : ....

Document 2 : ....

Document 3 : ....

✎ **Quel plan proposez-vous pour rédiger votre fiche de synthèse ?**

Introduction :

....

....

Développement :

....

....

....

....

Conclusion :

....

....

La vérification et la citation des sources

Définition issue du dictionnaire Larousse

Sources : *Documents, textes originaux auxquels on a recours ; origine d'un récit, d'une œuvre : Citer ses sources.*

Les sources permettent d'identifier la nature des documents, leur origine et leur fiabilité. Il est important de pouvoir se fier à l'information que l'on a repérée, d'où l'intérêt de connaître la provenance des documents.

Les sources doivent toujours être citées pour deux raisons :

- ➜ en le citant, le rédacteur rend justice à l'auteur de qui il a tiré l'idée ou le texte,
- ➜ le lecteur peut se référer facilement aux sources utilisées.

✎ Quelles sont les sources d'où sont extraits ces documents ?

Document 1 : ....

Document 2 : ....

Document 3 : ....

✎ Présentez la fiche de synthèse.

Certifié PEFC
Ce livre est issu de forêts gérées durablement et de source contrôlées
PEFC
PEFC/18-31-280
www.pefc-france.org

IMPRIM'VERT
votre imprimeur agit pour l'environnement

Achevé d'imprimer en mars 2014 par L.E.G.O. S.p.A (Italie)
Dépôt légal : mars 2014 - N° d'édition 2014/0408